AF406869

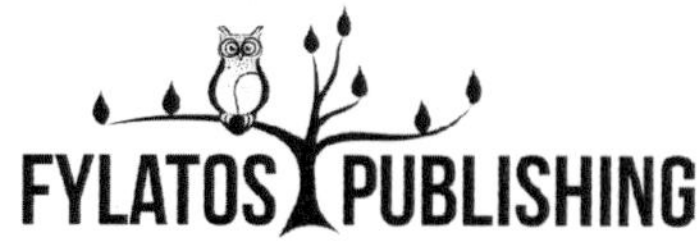

Nikolas Koukoulakis

Parkinson's Faces Project

Εκδόσεις Φυλάτος
Fylatos Publishing
MMXXIV

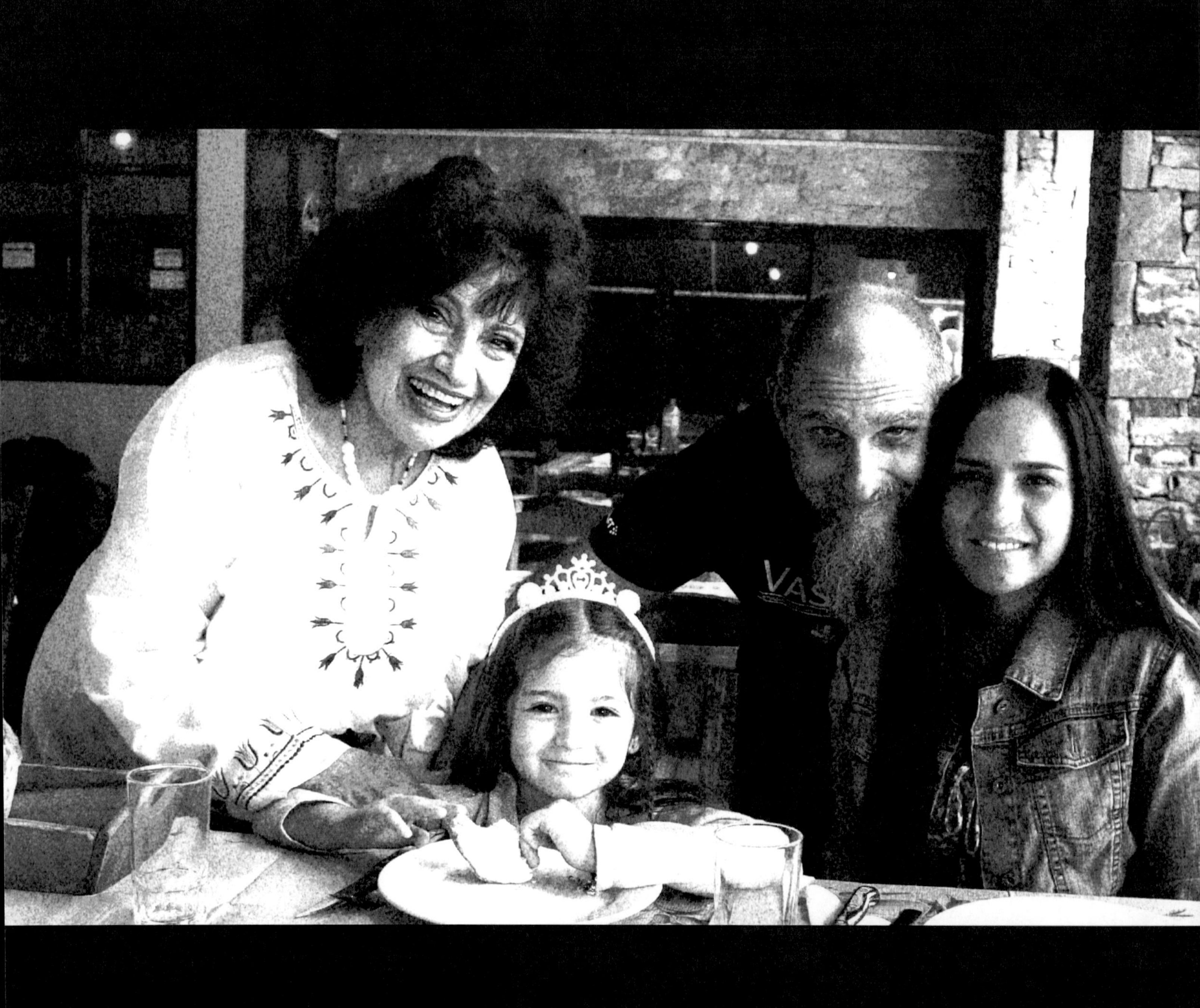

Αφιερωμένο στις γυναίκες της ζωής μου,
μάνα Φιφίκα, κόρη Κατερίνα και εγγονή Δαφνούλα

Parkinson's Faces Project:

Unique Black-and-White Portraits
Spotlighting Parkinson's Patients

Μοναδικά Ασπρόμαυρα Πορτρέτα
Φέρνουν στο Φως Ασθενείς με Πάρκινσον

The Parkinson's Faces Project features stunning black-and-white portraits of individuals who have been diagnosed with Parkinson's disease. These portraits span from one to twenty years post-diagnosis, with the youngest participant in his early 20s at the time of his diagnosis. Through these photographs, one can gain insight into the individuals' backgrounds, length of diagnosis, and even read a few inspiring quotes.

Το Parkinson's Faces Project προβάλλει εντυπωσιακά ασπρόμαυρα πορτρέτα ατόμων που διαγνώστηκαν με τη νόσο Πάρκινσον. Τα πορτρέτα κυμαίνονται από 1 έως 20 χρόνια μετά τη διάγνωση, με τον νεότερο συμμετέχοντα να βρίσκεται στη νεαρή δεκαετία των 20 χρόνων του τη στιγμή της διάγνωσης. Μέσα από αυτές τις φωτογραφίες, ο αναγνώστης μπορεί να πάρει πληροφορίες για το παρασκήνιο και τη διάρκεια της διάγνωσης των προσώπων, όπως επίσης και να διαβάσει λόγια που θα εμπνεύσουν.

The founder of the Parkinson's Faces Project, Nikolas Koukoulakis, was Inspired to create this project after taking a black-and-white portrait of his good friend and caregiver, Alexandra. Nikolas, who suffers from Parkinson's himself, shared that "the black-and-white portrait was so striking that I decided to create similar portraits of my friends with Parkinson's disease, even though Parkinson's had forced me to abandon photography for years."

Ο δημιουργός του Parkinson's Faces Projects, Νικόλας Κουκουλάκης, εμπνεύστηκε το έργο αυτό αφού φωτογράφησε ένα ασπρόμαυρο πορτρέτο της καλής του φίλης και φροντίστριας, Αλεξάνδρας. Ο Νικόλας, ο οποίος νοσεί από Πάρκινσον, εξομολογήθηκε πως «τα ασπρόμαυρα πορτρέτα ήταν τόσο ξεχωριστά που αποφάσισα να δημιουργήσω παρόμοια πορτρέτα των φίλων μου με Πάρκινσον, παρόλο που η ασθένεια με ανάγκασε να εγκαταλείψω τη φωτογραφία για πολλά χρόνια».

Nikolas faced a significant challenge in promoting his project, but with the support of the World Table Tennis Parkinson's Games in Heraklion, Crete, and prior coverage in Wendy's Magazine "Wendy's Parkinson Journey," he was able to gain publicity. He expresses his gratitude to Wendy van Wijk-Lugthart for her assistance and continuous support.

Ο Νικόλας αντιμετώπισε σημαντικές δυσκολίες στην προώθηση του project, αλλά με την υποστήριξη του Παγκόσμιου Πρωταθλήματος πινγκ πονγκ για άτομα που πάσχουν από Πάρκινσον στο Ηράκλειο της Κρήτης, και με την προηγούμενή του κάλυψη στο περιοδικό της Wendy, "Wendy's Parkinson's Journey", κατάφερε να αποκτήσει δημοτικότητα. Ο Νικόλας εκφράζει την ευγνωμοσύνη του στη Wendy van Wijk-Lugthart για τη βοήθεια και τη συνεχή της υποστήριξη.

Through these portraits, Nikolas aims to highlight the positive aspects of Parkinson's disease. He hopes to convey that even with Parkinson's, one can still lead a happy and fulfilling life. Nikolas himself has pursued higher education; he completed his studies in Physical Education and Sports at the University of Athens, followed by postgraduate studies at the Medical School of Athens, where he specialized in physical therapy. He even started an exercise group for Parkinson's patients and took part in sporting events. His message is simple: "A disability should not discourage us from living a fulfilling life. It's up to us to take charge and strive to maintain our physical capabilities.

Μέσα από αυτά τα πορτρέτα, ο Νικόλας στοχεύει να αναδείξει τη θετική πλευρά της νόσου Πάρκινσον. Ελπίζει να υπογραμμίσει ότι ακόμη και με Πάρκινσον, κάποιος μπορεί να ζήσει μια χαρούμενη και γεμάτη ζωή. Ο Νικόλας κατάφερε να ακολουθήσει την Τριτοβάθμια Εκπαίδευση. Ολοκλήρωσε τις σπουδές του στη Φυσική Αγωγή και Άθληση στο Πανεπιστήμιο Αθηνών και ακολούθησε μεταπτυχιακές σπουδές στην Ιατρική σχολή Αθηνών, με ειδίκευση στη θεραπευτική άσκηση. Επίσης, οργάνωσε ομάδα άθλησης για άτομα με Πάρκινσον και πήρε μέρος σε αθλητικές εκδηλώσεις. Το μήνυμά του είναι απλό: «Μία ασθένεια δεν πρέπει να μας αποθαρρύνει από το να ζούμε μία γεμάτη ζωή. Το να πάρουμε τα ηνία και να προσπαθήσουμε να διατηρήσουμε τις φυσικές μας ικανότητες εξαρτάται πλήρως από εμάς».

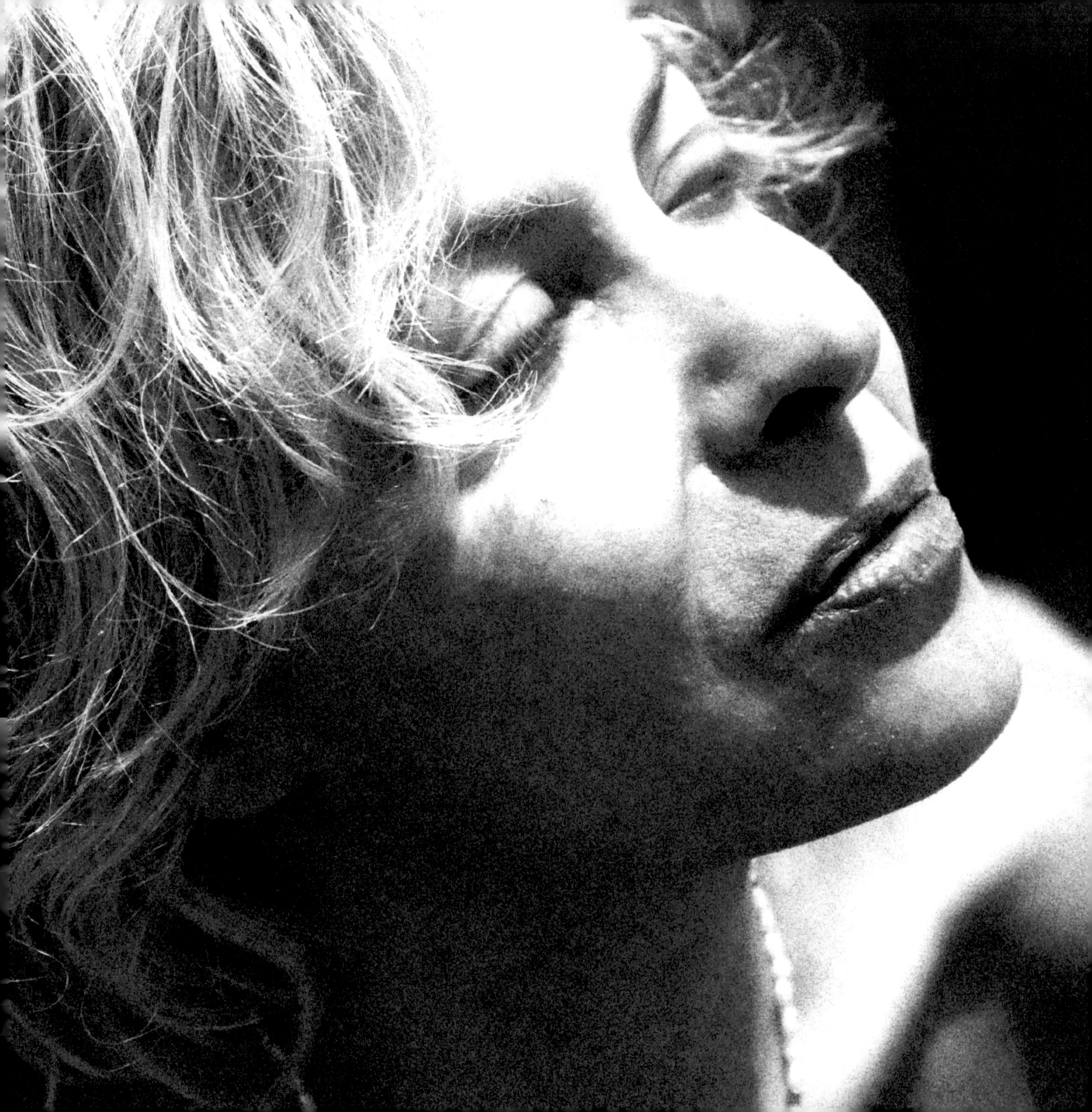

Alexandra: "Back in 2019, I was looking for someone living with Parkinson's, and that's when I met Nikolas. Despite his condition, he had a resolute attitude towards life. He once said, 'Parkinson's may have slowed me down, but it hasn't defeated me.' This mindset is crucial, as it requires determination and discipline to overcome such obstacles. He is always willing to offer his support and guidance to those around him."

Αλεξάνδρα: «Το 2019, ήθελα να γνωρίσω κάποιον που πάσχει από τη νόσο Πάρκινσον και τότε γνώρισα τον Νικόλα. Παρά τη νόσο, είχε μια ασυγκράτητη οπτική για τη ζωή. Μια φορά μου είπε: "μπορεί το Πάρκινσον να με καθυστέρησε, αλλά δεν με νίκησε". Αυτή η νοοτροπία είναι πολύ σημαντική, καθώς χρειάζεται αποφασιστικότητα και πειθαρχία να ξεπεράσει κανείς τέτοια εμπόδια. Είναι πάντα πρόθυμος να προσφέρει την υποστήριξη και την καθοδήγησή του στους γύρω του».

Inspired by a photo he took of Alexandra, he started the Parkinson's Faces Project as a way to raise awareness and provide support for those living with this condition.

Εμπνευσμένος από τη φωτογραφία της Αλεξάνδρας, ξεκίνησε το Parkinson's Faces Project, με σκοπό να αυξήσει την ευαισθητοποίηση και να παρέχει υποστήριξη σε αυτούς που ζουν με τη συγκεκριμένη νόσο.

Nikolas Koukoulakis had the honor of displaying this black-and-white photograph at the B&W Athens Photography Exhibition, opening on February 24, 2024; an exhibition in which black-and-white photos of 430 artists from around the world will be displayed.

Ο Νικόλας Κουκουλάκης είχε την τιμή να εκθέσει την ασπρόμαυρη φωτογραφία του στην Έκθεση B&W Athens Photography, που άνοιξε στις 24 Φεβρουαρίου 2024. Μία έκθεση στην οποία παρουσιάζονται ασπρόμαυρες φωτογραφίες από 430 καλλιτέχνες από όλον τον κόσμο.

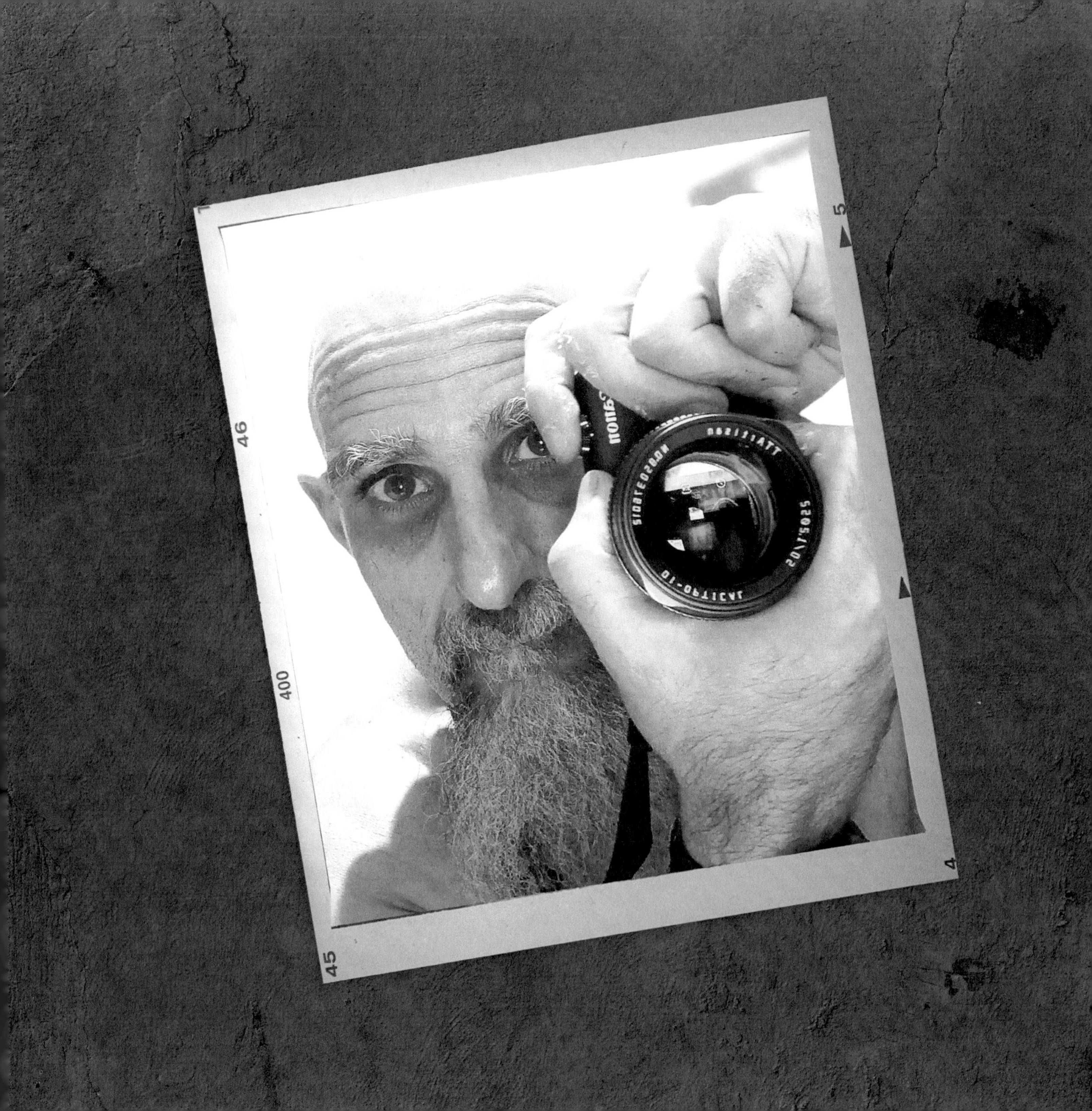

Nikolas Koukoulakis, M.Sc., Graduate of the National and the Kapodistrian University of Athens, Weightlifting Athlete.

Ο Νικόλας Κουκουλάκης, M.Sc., Απόφοιτος του Εθνικού και Καποδιστριακού Πανεπιστημίου Αθηνών, Αθλητής Άρσης Βαρών.

Nikolas Koukoulakis is a graduate of the School of Physical Education and Sports at the Kapodistrian University of Athens (EKPA), specializing in weightlifting. Additionally, Nikolas earned a Master's degree in "Molecular and Applied Physiology" from the Medical School of Athens, concentrating on therapeutic exercise. Nikolas wrote his diploma thesis on the effect of exercise on Parkinson's disease. He is a certified Category A weightlifting coach by the General Secretariat of Sports. As an athlete and international judge of powerlifting by the GPA-IPO World Federation, he has participated in numerous world and European powerlifting championships. Since 2014, he has been an active volunteer powerlifting coach at the Special Olympics. Before pursuing his current career, he was a professional photojournalist, working for a Daily and Periodical Press Agency from 1994 to 2007. He has traveled extensively throughout Africa, Asia, and Europe, capturing photographs for press publications. Nikolas remained resilient despite his diagnosis of 4th stage lymphoma and Parkinson's disease. He underwent aggressive chemotherapy for six months and complementary CNS radiation for non-Hodgkin lymphoma in 1999. Since 2000, he has experienced symptoms of Parkinson's disease, which have led him to be characterized with 85% motor and 95% total disability, making him eligible for benefits under the Paraplegia Act.

Ο Νικόλας Κουκουλάκης είναι απόφοιτος της Σχολής Επιστήμης Φυσικής Αγωγής και Αθλητισμού από το Εθνικό και Καποδιστριακό Πανεπιστήμιο Αθηνών (ΕΚΠΑ), με εξειδίκευση στην Άρση Βαρών. Επιπλέον, ολοκλήρωσε τις μεταπτυχιακές του σπουδές στη «Μοριακή και Εφαρμοσμένη Φυσιολογία» από την Ιατρική Σχολή Αθηνών, με έμφαση στη θεραπευτική άσκηση. Ο Νικόλας έγραψε τη διπλωματική του στις επιπτώσεις της άσκησης στη νόσο του Πάρκινσον. Είναι πιστοποιημένος προπονητής Α' κατηγορίας της Άρσης Βαρών, από τη Γενική Γραμματεία Αθλητισμού. Ως αθλητής και διεθνής κριτής του powerlifting από την Παγκόσμια Ομοσπονδία GPA-IPO, έχει πάρει μέρος σε πολλά Παγκόσμια και Ευρωπαϊκά πρωταθλήματα Powerlifting. Από το 2014, προπονεί εθελοντικά στα Special Olympics Powerlifting. Πριν ακολουθήσει την παρούσα καριέρα, ήταν επαγγελματίας φωτορεπόρτερ και δούλευε για τον Ημερήσιο και Περιοδικό Τύπο από το 1994 έως το 2007. Πολυταξιδεμένος, έχει επισκεφτεί την Αφρική, την Ασία και την Ευρώπη, φωτογραφίζοντας για τον Τύπο. Ο Νικόλας παρέμεινε δυνατός παρ' όλη τη διάγνωση λεμφώματος τετάρτου επιπέδου και νόσου Πάρκινσον. Δέχτηκε επιθετική χημειοθεραπεία για έξι μήνες και συμπληρωματική ακτινοθεραπεία CNS για το λέμφωμα μη-Hodgkin το 1999. Από το 2000 εμφάνισε συμπτώματα Πάρκινσον, τα οποία τον οδήγησαν σε 85% κινητική και 95% αναπηρία, πληρώντας τις προϋποθέσεις για τα προνόμια παραπληγίας.

Photographer: Nikolas Koukoulakis

Φωτογράφος: Νικόλας Κουκουλάκης

The photographs of Nikolas, which you will find in this book, are all completely raw and unedited. These are the exact shots straight from the memory card, a fact unique for its philosophy. Most photographers edit their images, but not in this book.

Οι φωτογραφίες του Νικόλα που θα βρείτε σε αυτό το βιβλίο είναι εντελώς ακατέργαστες και ανεπεξέργαστες. Αυτές είναι οι ακριβείς λήψεις, κατευθείαν από την κάρτα μνήμης, γεγονός μοναδικό στον χώρο της φωτογραφίας. Οι περισσότεροι φωτογράφοι επεξεργάζονται τις φωτογραφίες τους, αλλά όχι σε αυτό το βιβλίο.

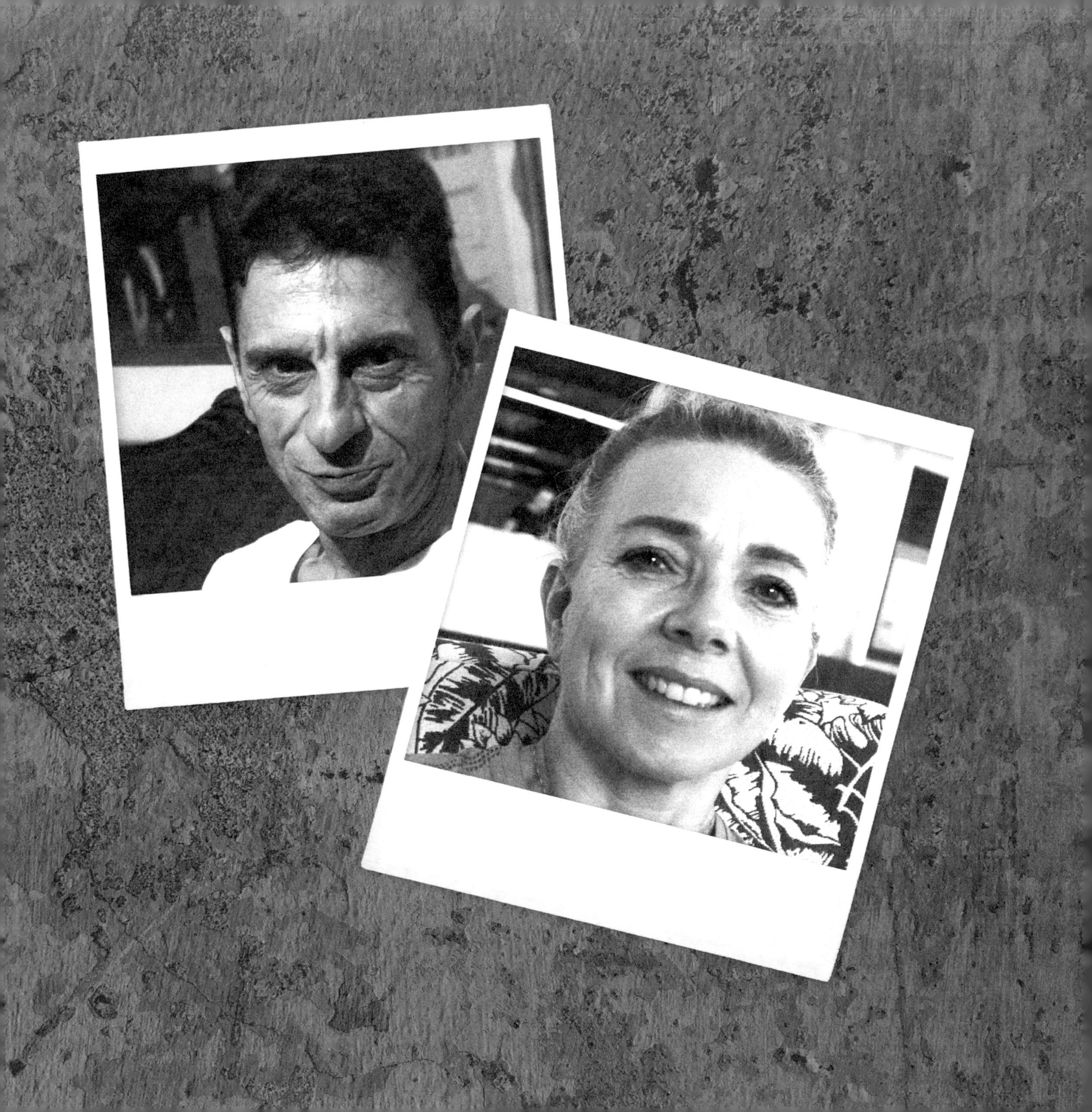

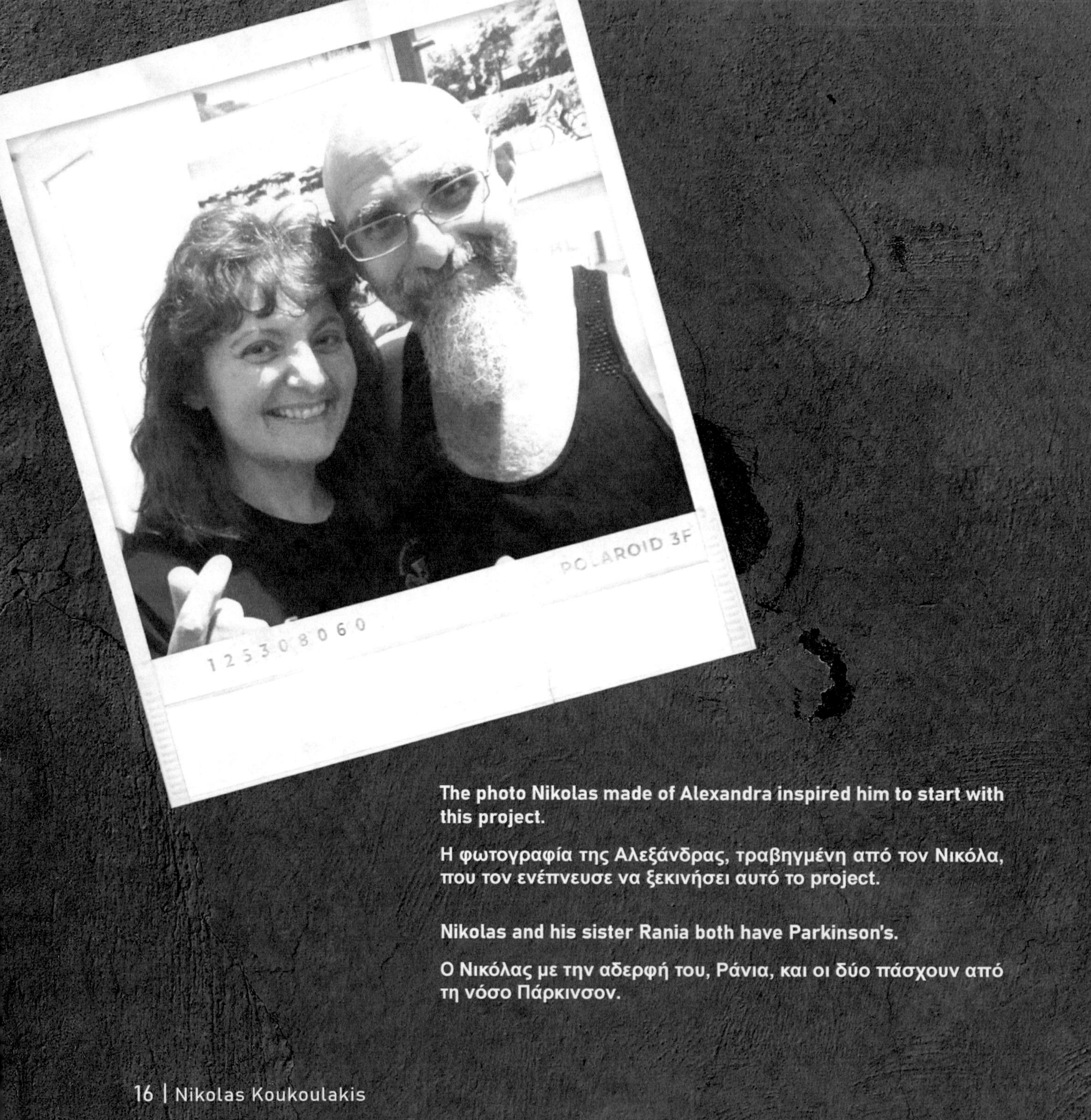

The photo Nikolas made of Alexandra inspired him to start with this project.

Η φωτογραφία της Αλεξάνδρας, τραβηγμένη από τον Νικόλα, που τον ενέπνευσε να ξεκινήσει αυτό το project.

Nikolas and his sister Rania both have Parkinson's.

Ο Νικόλας με την αδερφή του, Ράνια, και οι δύο πάσχουν από τη νόσο Πάρκινσον.

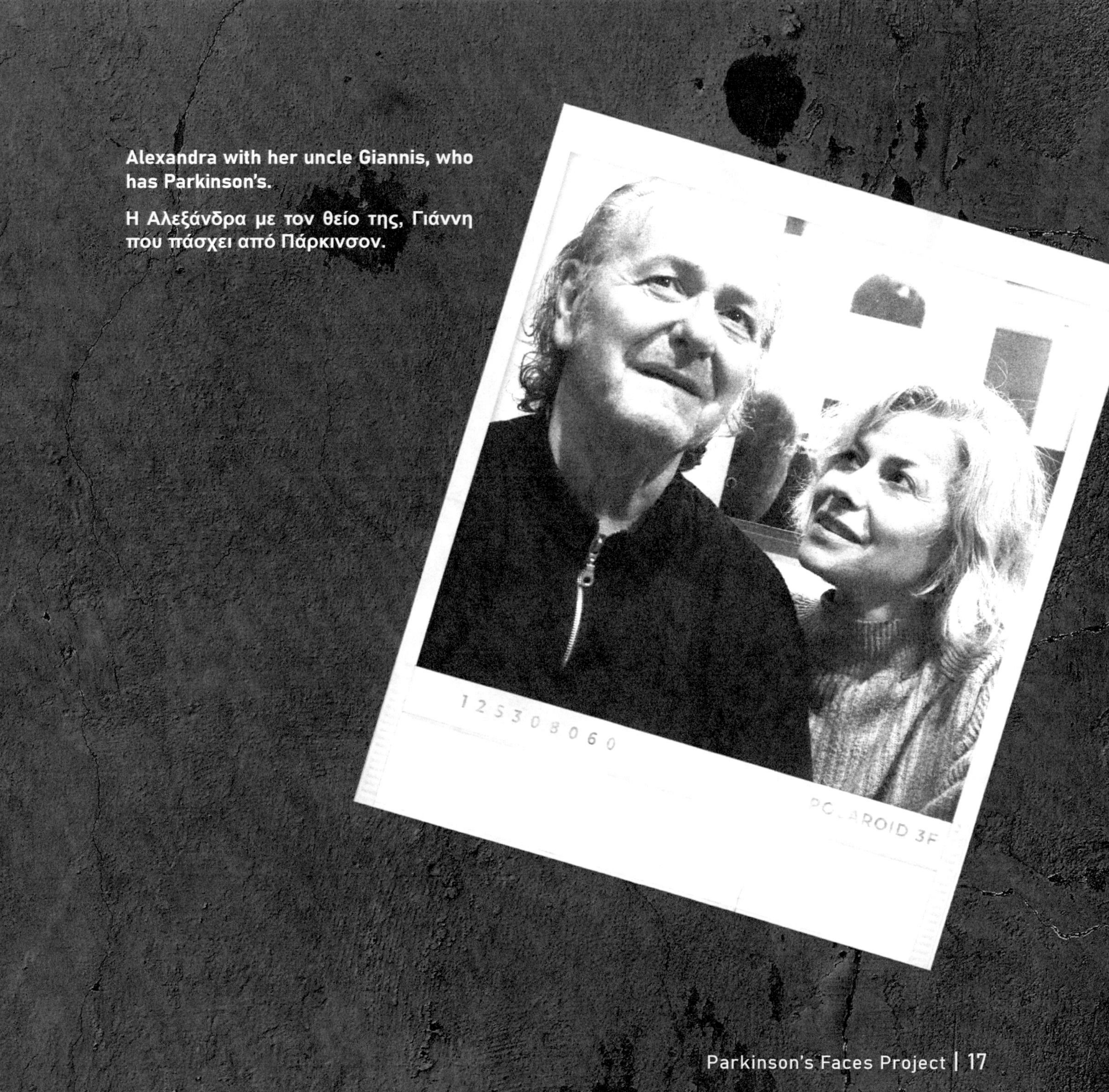

Alexandra with her uncle Giannis, who has Parkinson's.

Η Αλεξάνδρα με τον θείο της, Γιάννη που πάσχει από Πάρκινσον.

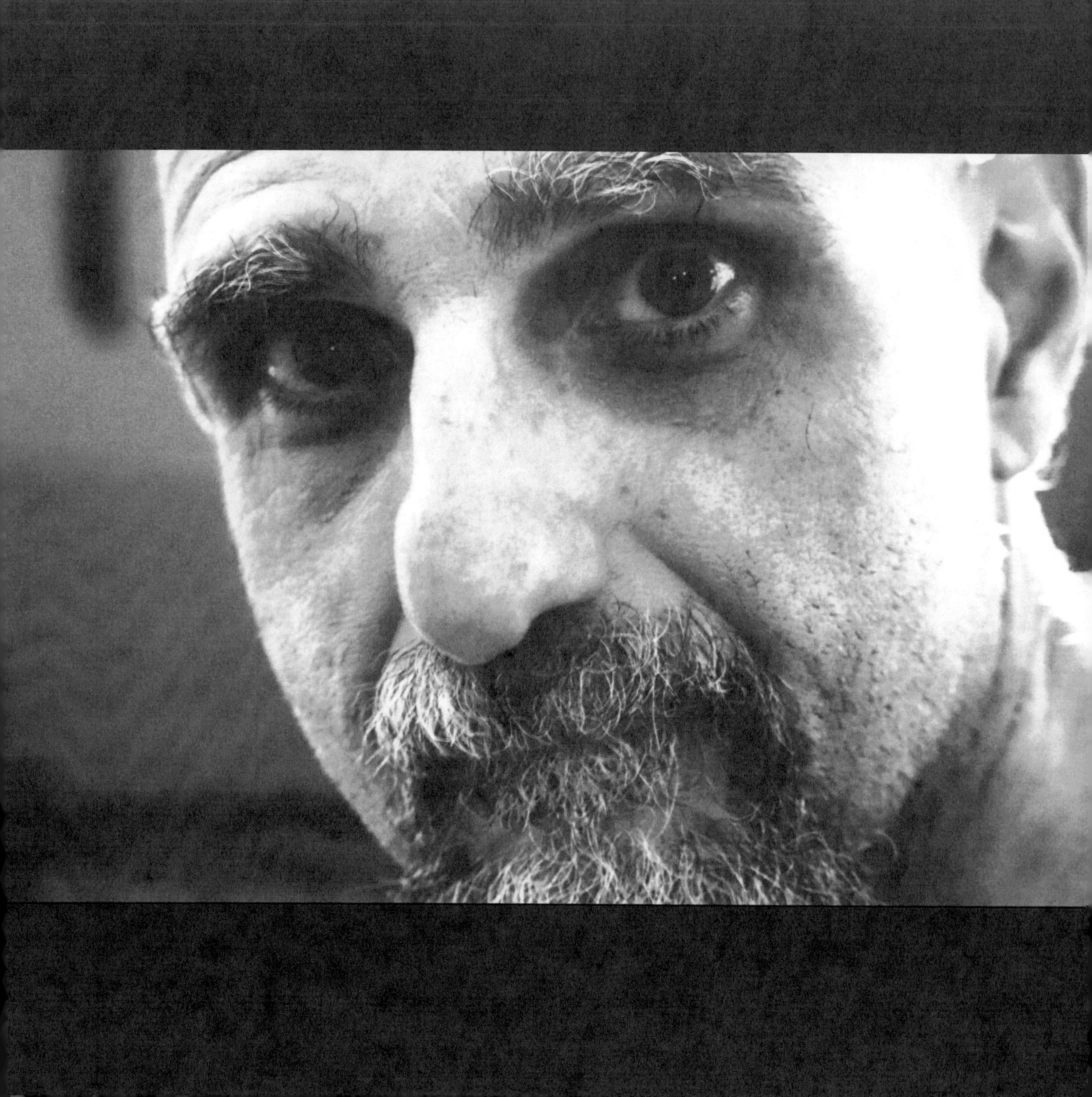

"Regardless of what science can do for people living with Parkinson's, we must prepare our brain and body to face all difficulties. Exercise is the most important weapon in parkinsonians hands because it is the only way we can stop the symptoms of the disease without side effects."

«Ανεξάρτητα από τι μπορεί να κάνει η επιστήμη για τα άτομα που ζουν με Πάρκινσον, πρέπει να προετοιμάσουμε το μυαλό και το σώμα μας για να αντιμετωπίσει όλες τις δυσκολίες. Η άσκηση είναι το πιο σημαντικό όπλο στα χέρια ενός ατόμου με Πάρκινσον, καθώς είναι ο μόνος τρόπος με τον οποίο μπορούμε να αντιμετωπίσουμε τα συμπτώματα της νόσου χωρίς παρενέργειες.»

Meet Nikolas from Greece, a 55-year-old man who has been dealing with Parkinson's for the last 20 years. He has a rare form inherited by both parents, carrying the pink1 gene.

Γνωρίστε τον Νικόλα από την Ελλάδα, 55 ετών, ο οποίος αντιμετωπίζει το Πάρκινσον τα τελευταία 20 χρόνια. Έχει μια σπάνια μορφή της νόσου, την οποία κληρονόμησε από τους γονείς του, κουβαλώντας το γονίδιο PINK 1.

"When you first receive a diagnosis, you have to get over the shock. But eventually, you will recover and find a way to slow down and take care of yourself. I have officially been living with this disease for two years, but I have experienced its symptoms for many more. Some days are easier than others, but I am committed to staying functional and productive. My advice is to never give up and keep pushing forward.»

«Όταν ακούς τη διάγνωση για πρώτη φορά, πρέπει να ξεπεράσεις το αρχικό σοκ. Εν τέλει, όμως, θα συνέλθεις και θα βρεις τρόπο να χαμηλώσεις τους ρυθμούς σου και να φροντίσεις τον εαυτό σου. Κι επίσημα ζω με τη νόσο εδώ και δύο χρόνια, αλλά συμβίωνα με τα συμπτώματά της για πολύ περισσότερα. Κάποιες μέρες είναι ευκολότερες από κάποιες άλλες, αλλά έχω αφοσιωθεί στο να παραμείνω λειτουργική και παραγωγική. Η συμβουλή μου είναι να μην τα παρατήσεις και να προχωράς μπροστά.»

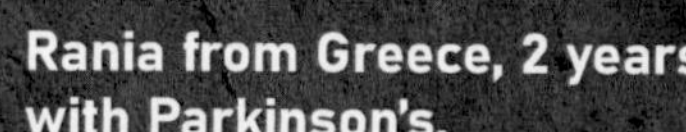

Rania from Greece, 2 years with Parkinson's.

Η Ράνια από την Ελλάδα, 2 χρόνια με Πάρκινσον.

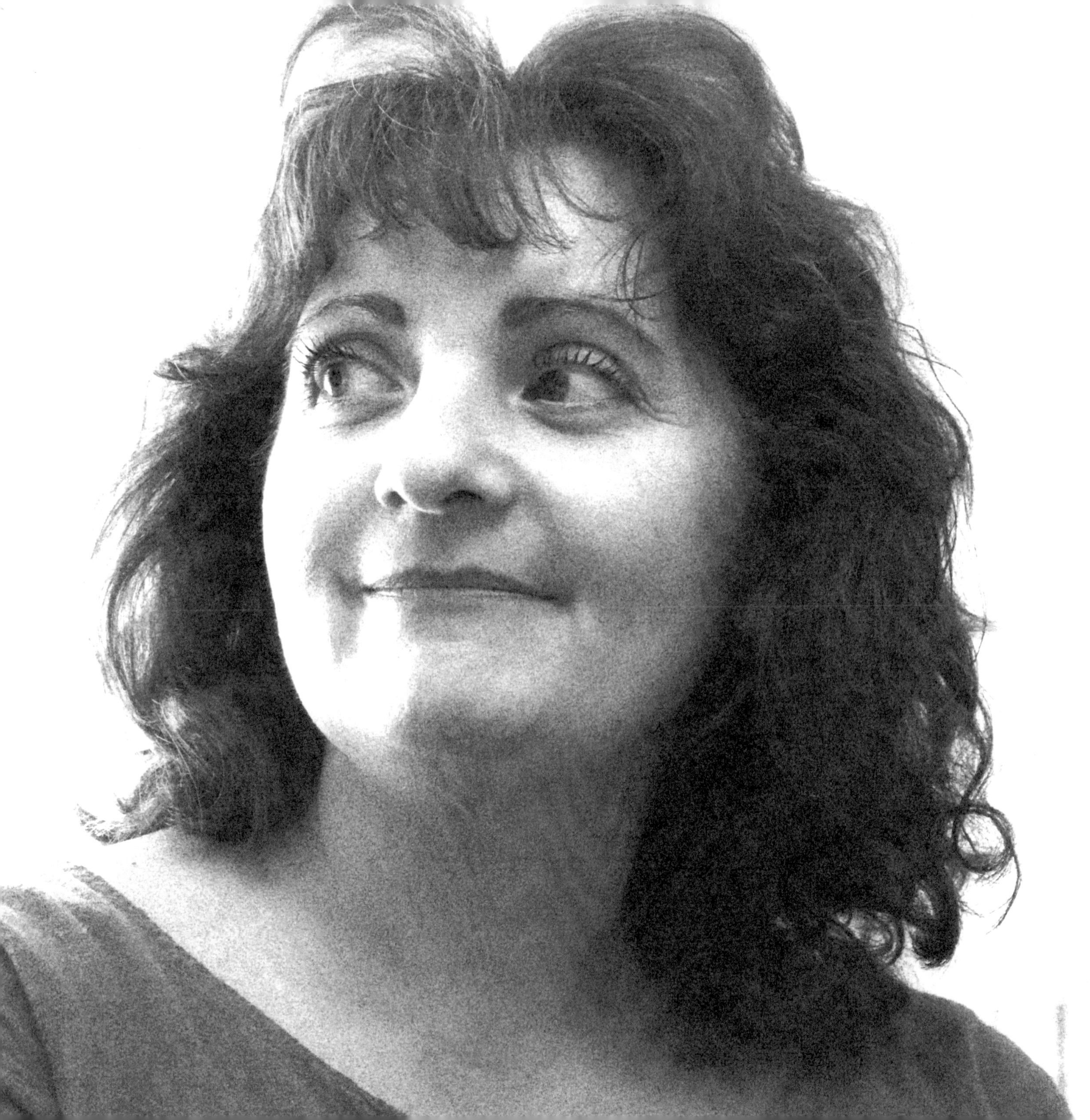

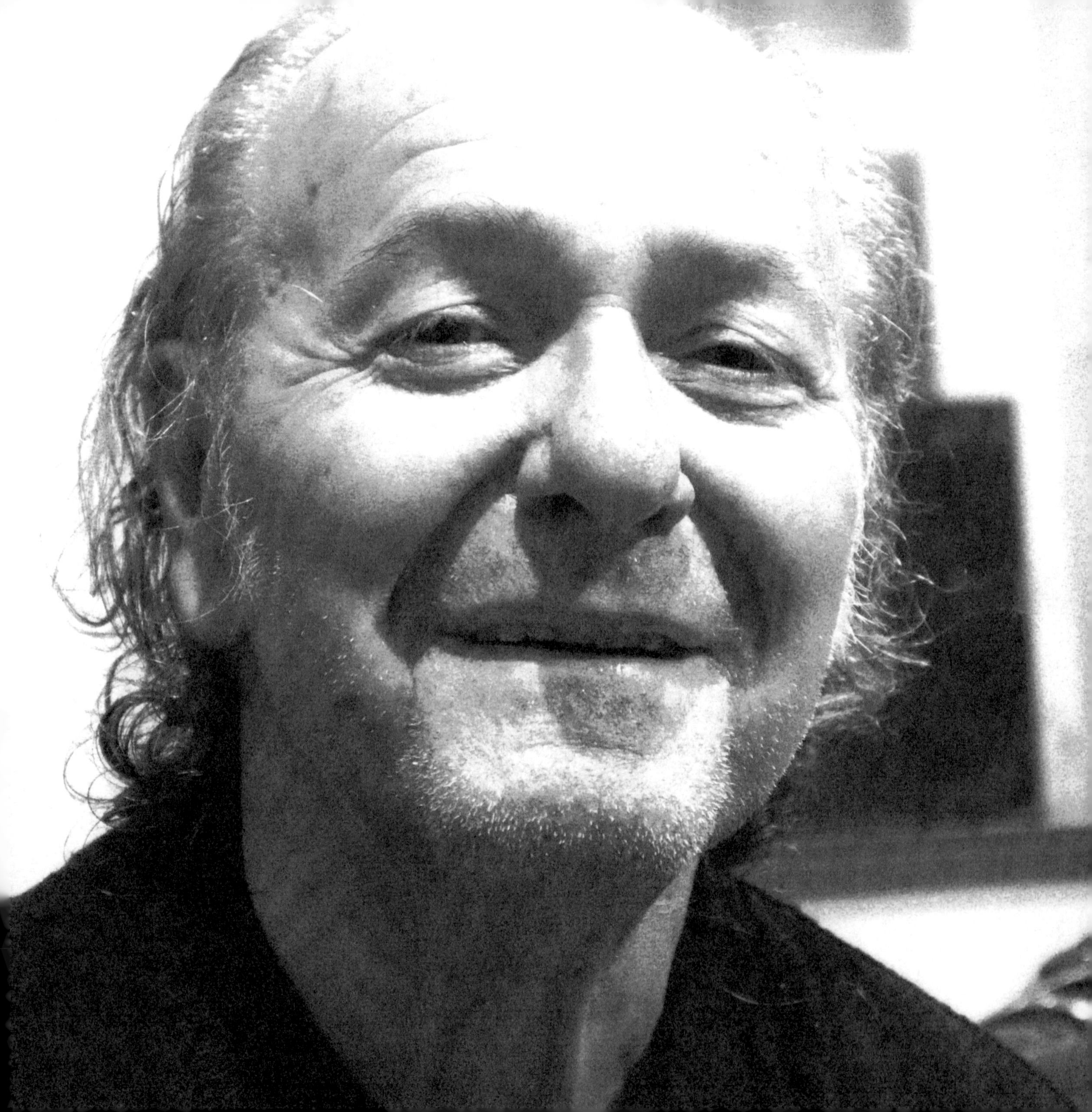

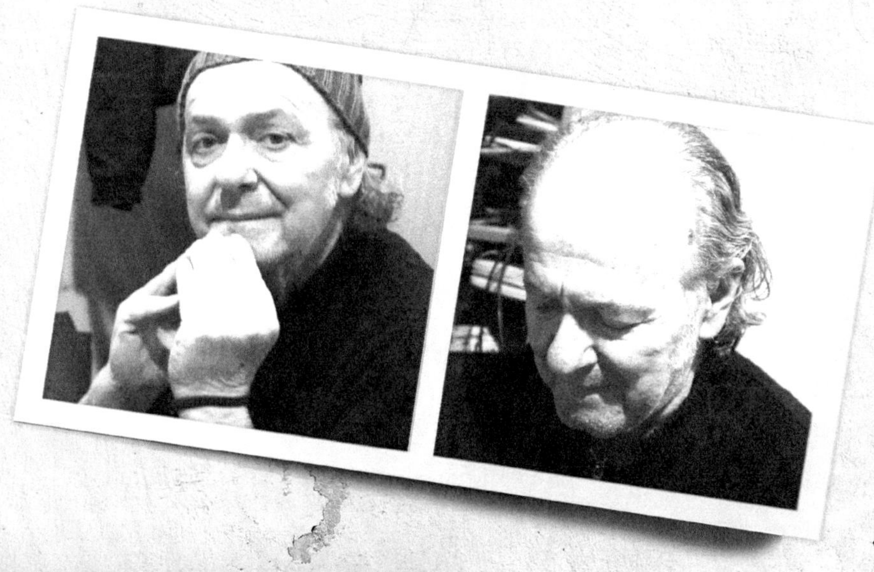

Giannis himself had a unique perspective on the condition. He used to believe that Parkinson's was just a disease, but after his experience, he realized that it was more than that. In fact, he referred to it as the "son of Parking." "F...ck you, Parkinson's!"

Και ο Γιάννης είχε μία μοναδική οπτική σχετικά με τη νόσο. Πίστευε ότι το Πάρκινσον είναι απλά μια ασθένεια, αλλά μετά την εμπειρία του, συνειδητοποίησε ότι ήταν περισσότερα. Για την ακρίβεια, αναφέρεται σε αυτό ως ο "γιος του Πάρκινγκ." «Γ...ήσου, Πάρκινσον!»

Alexandra's uncle, Giannis, inspired Alexandra to search for and meet someone with Parkinson's disease.

Ο Γιάννης, ο θείος της Αλεξάνδρας, την ενέπνευσε να ψάξει και να γνωρίσει κάποιον που έπασχε και αυτός από Πάρκινσον.

"It marks both the end and the beginning."
«Σημαδεύει και το τέλος και την αρχή».

Vasiliki from Greece, 12 years with Parkinson's.
Η Βασιλική από την Ελλάδα, 12 χρόνια με Πάρκινσον.

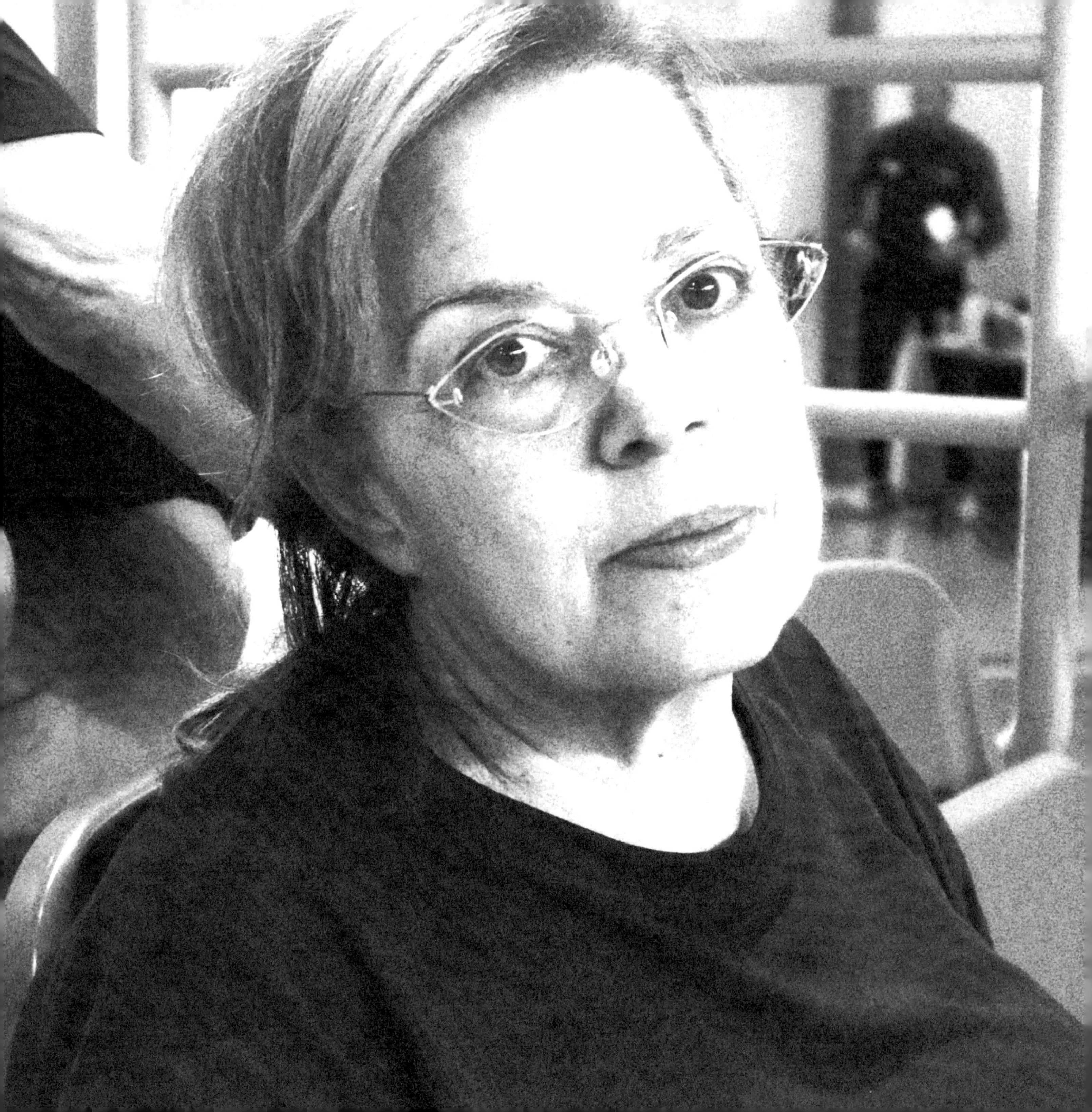

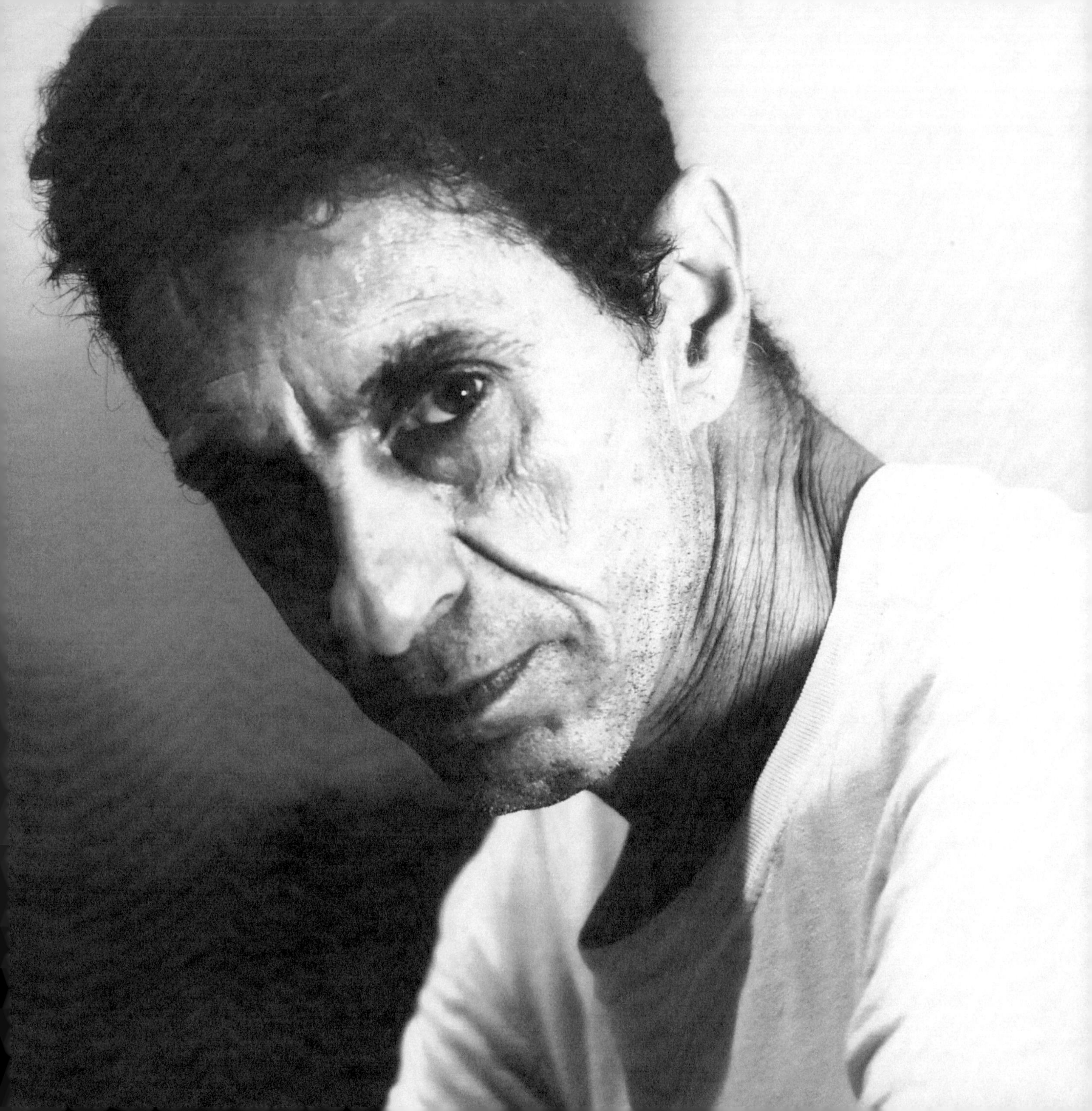

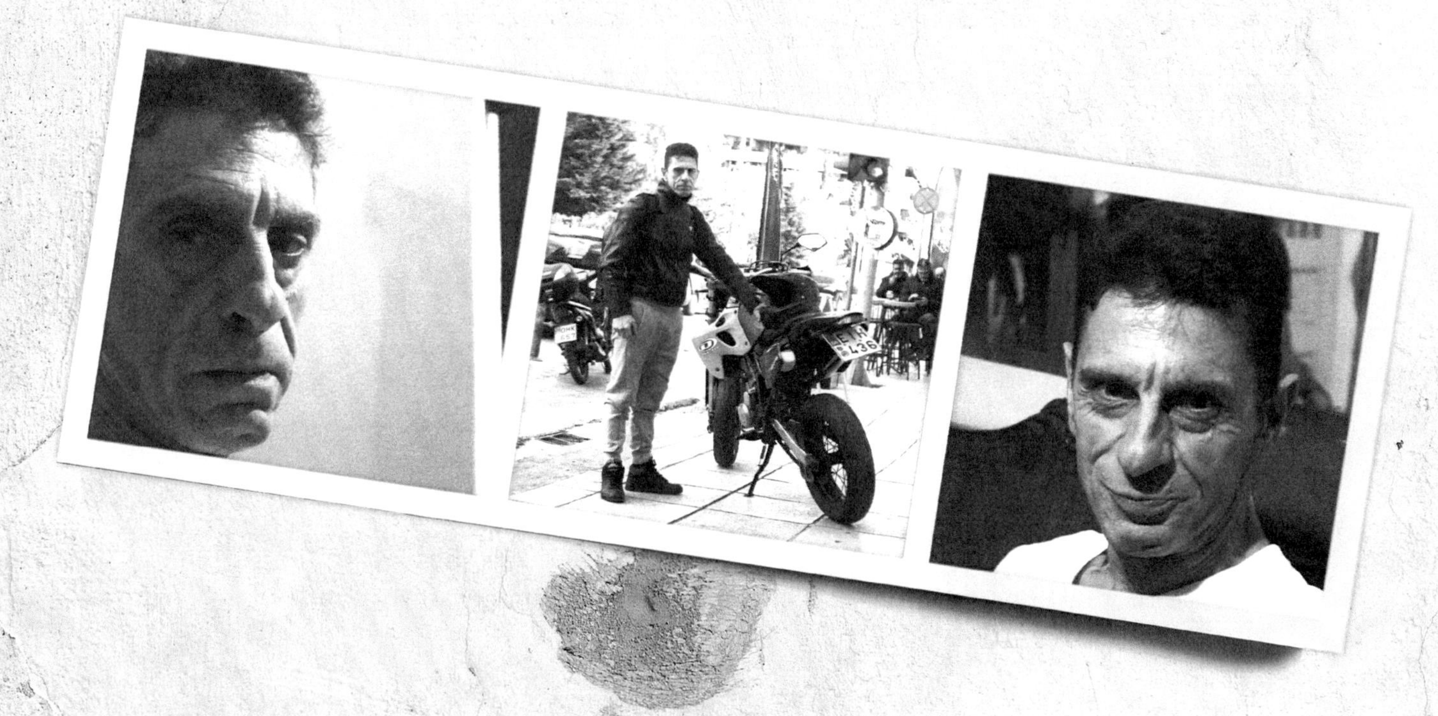

Giannis (53 years) from Greece, 15 years with Parkinson's.

Ο Γιάννης (53 ετών) από την Ελλάδα, 15 χρόνια με Πάρκινσον.

"Like an uphill mountain path, it has easy parts but also difficult ones."

«Όπως συμβαίνει και με ένα απότομο μονοπάτι στο βουνό, υπάρχει ο εύκολος δρόμος, αλλά υπάρχει και ο δύσκολος».

"Parkinson's has shown me how much I took my health for granted. I was constantly searching for ways to feel better, but I didn't appreciate the well-being I had. Now, I understand the true value of life and the importance of using our limited time wisely. It's essential to forget about vanity and selfishness and, instead, focus on what truly matters. For me, Parkinson's is like a spiritual journey that brings me closer to God. I see my Calvary as a ladder that will unite me with God because God gave the example through Jesus Christ. He came to Earth as a man of God, and as a man, he too had his flaws in which his divine nature prevailed. As Nikos Kazantzakis wrote in his book The Lats Temptation, which raised numerous protests from religion because it put in the mind of Jesus Christ such thoughts: should I receive salvation from my cross, or marry Mary Magdalene and begin a family? His divine nature follows the path of Golgotha and the martyrdom that will lead him to the Resurrection. Thus, man is given the possibility, despite his human weaknesses, to come into contact with God, and this path is shown to him by the divine figure of Jesus. They say that behind every crisis, there is an opportunity. Let's take advantage of it, my dears!"

«Το Πάρκινσον μου έχει δείξει πόσο δεδομένη είχα την υγεία μου. Συνεχώς έψαχνα τρόπους να νιώσω καλύτερα, αλλά δεν εκτιμούσα την ευεξία που είχα. Τώρα καταλαβαίνω την πραγματική αξία της ζωής και τη σημασία του να χρησιμοποιούμε τον περιορισμένο χρόνο μας με σύνεση. Είναι απαραίτητο να ξεχάσουμε τη ματαιοδοξία και τον εγωισμό, και αντ' αυτού, να εστιάσουμε σε αυτά που είναι πραγματικά σημαντικά. Για μένα το Πάρκινσον είναι ένα πνευματικό ταξίδι που με φέρνει πιο κοντά στον Θεό. Βλέπω αυτόν τον Γολγοθά σαν μια σκάλα που θα με ενώσει με τον Θεό, γιατί ο Θεός έδωσε το παράδειγμά του μέσω του Ιησού Χριστού. Ήρθε στη Γη σαν άνθρωπος του Θεού, αλλά και ως άνθρωπος ο οποίος είχε αδυναμίες, τις οποίες ξεπέρασε με τη θεϊκή του φύση. Όπως έγραψε και ο Νίκος Καζαντζάκης στο βιβλίο του, *Ο Τελευταίος Πειρασμός*, το οποίο δημιούργησε αντιδράσεις από τη θρησκεία για τις σκέψεις που τοποθέτησε στο μυαλό του Ιησού Χριστού: τι πρέπει να κάνω; Να λάβω σωτηρία μέσω της σταύρωσης, να παντρευτώ τη Μαρία Μαγδαληνή και να φτιάξω οικογένεια; Η θεϊκή του φύση ακολουθεί τον δρόμο του Γολγοθά και του μάρτυρα που θα τον οδηγήσει στην Ανάσταση. Έτσι, δίνεται στον άνθρωπο η πιθανότητα, παρά τις ανθρώπινες αδυναμίες του, να έρθει σε επαφή με τον Θεό, και ο δρόμος αυτός φανερώθηκε από την ιερή φιγούρα του Ιησού. Λένε ότι πίσω από κάθε κρίση, βρίσκεται μια ευκαιρία. Ας την εκμεταλλευτούμε, αγαπητοί μου!»

Nektarios (56 years) from Greece, 10 years with Parkinson's.

Ο Νεκτάριος (56 ετών) από την Ελλάδα, 10 χρόνια με Πάρκινσον.

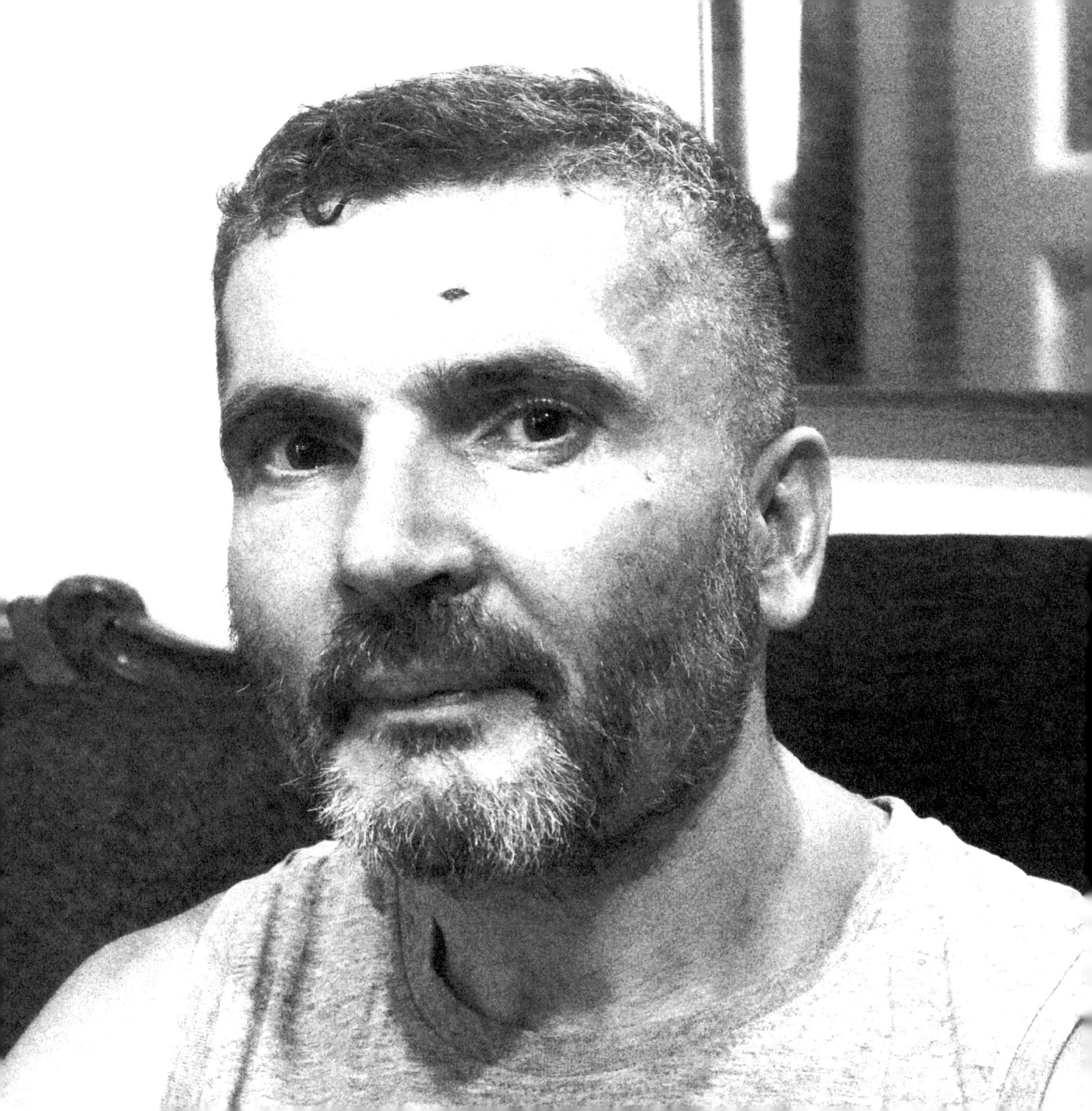

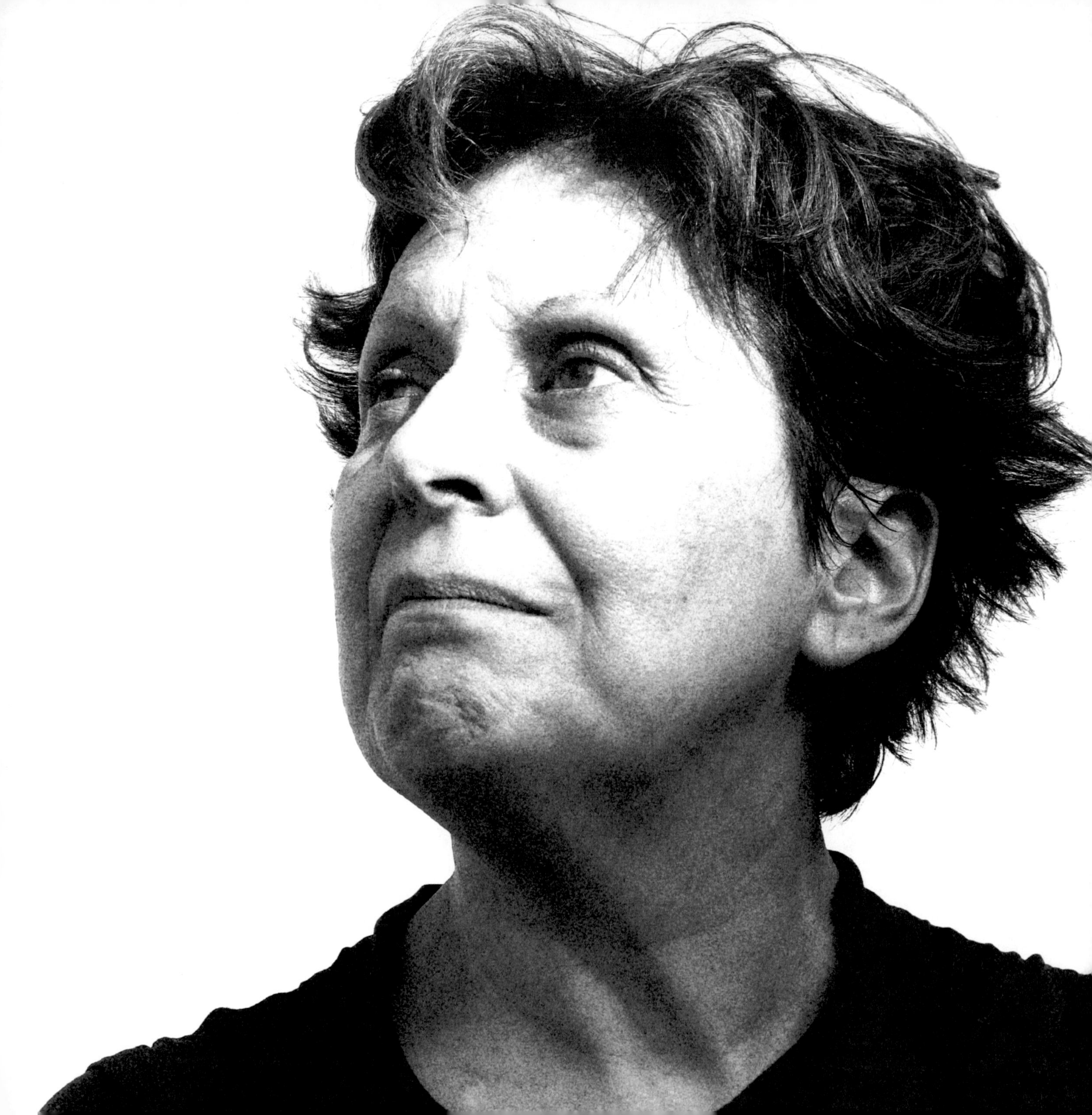

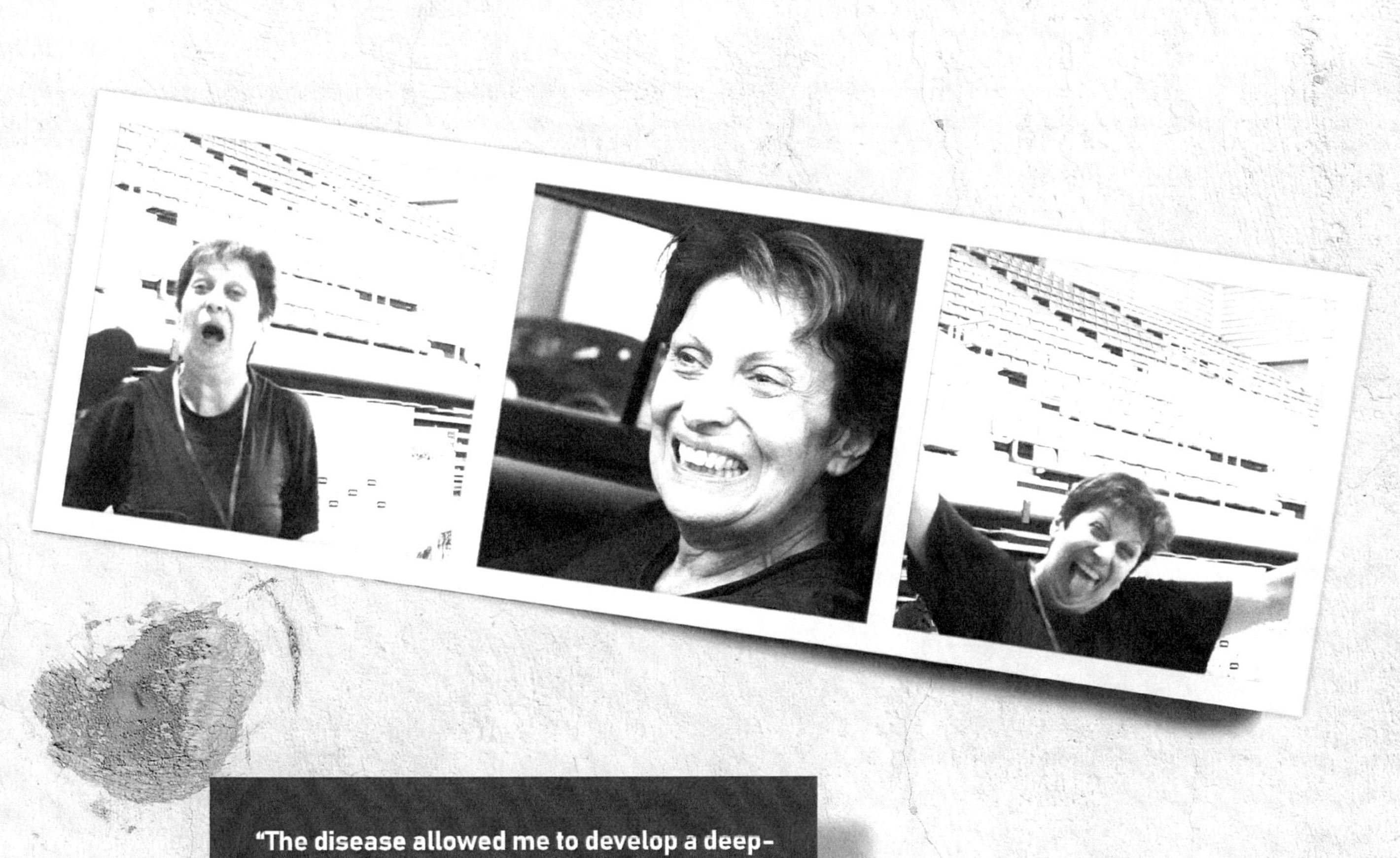

> **"The disease allowed me to develop a deeper appreciation for life, learn more about my body, and ultimately love myself."**
>
> «Η ασθένεια με βοήθησε να αναπτύξω μια βαθύτερη εκτίμηση για τη ζωή. Να μάθω περισσότερα για το σώμα μου και, στην τελική, να αγαπήσω τον εαυτό μου.»

Lydia (58 years) from Greece, 20 years with Parkinson's.

Λυδία (58 ετών) από την Ελλάδα, 20 χρόνια με Πάρκινσον.

"I was 20 years old when I got my Parkinson's diagnosis."

«Ήμουν 20 χρονών όταν διαγνώστηκα με Πάρκινσον».

"Our challenges do not define us; our actions do."

«Δεν μας ορίζουν οι προκλήσεις μας, αλλά οι πράξεις μας».

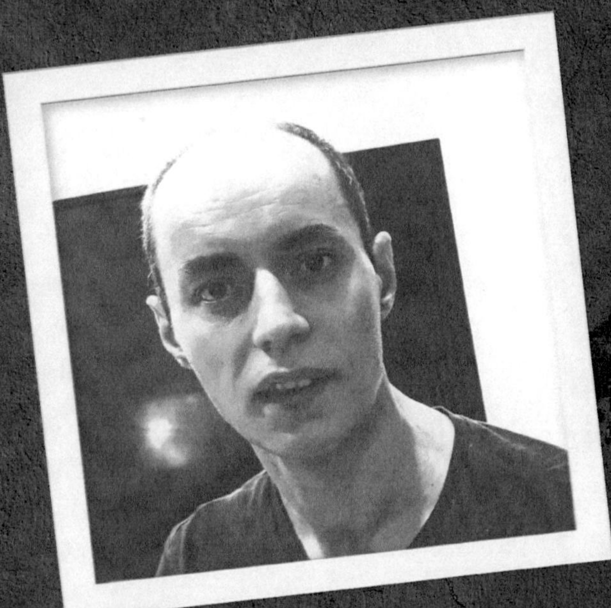

Vangelis (43 years) from Greece, 20 years with Parkinson's.

Βαγγέλης (43 ετών) από την Ελλάδα, 20 χρόνια με Πάρκινσον.

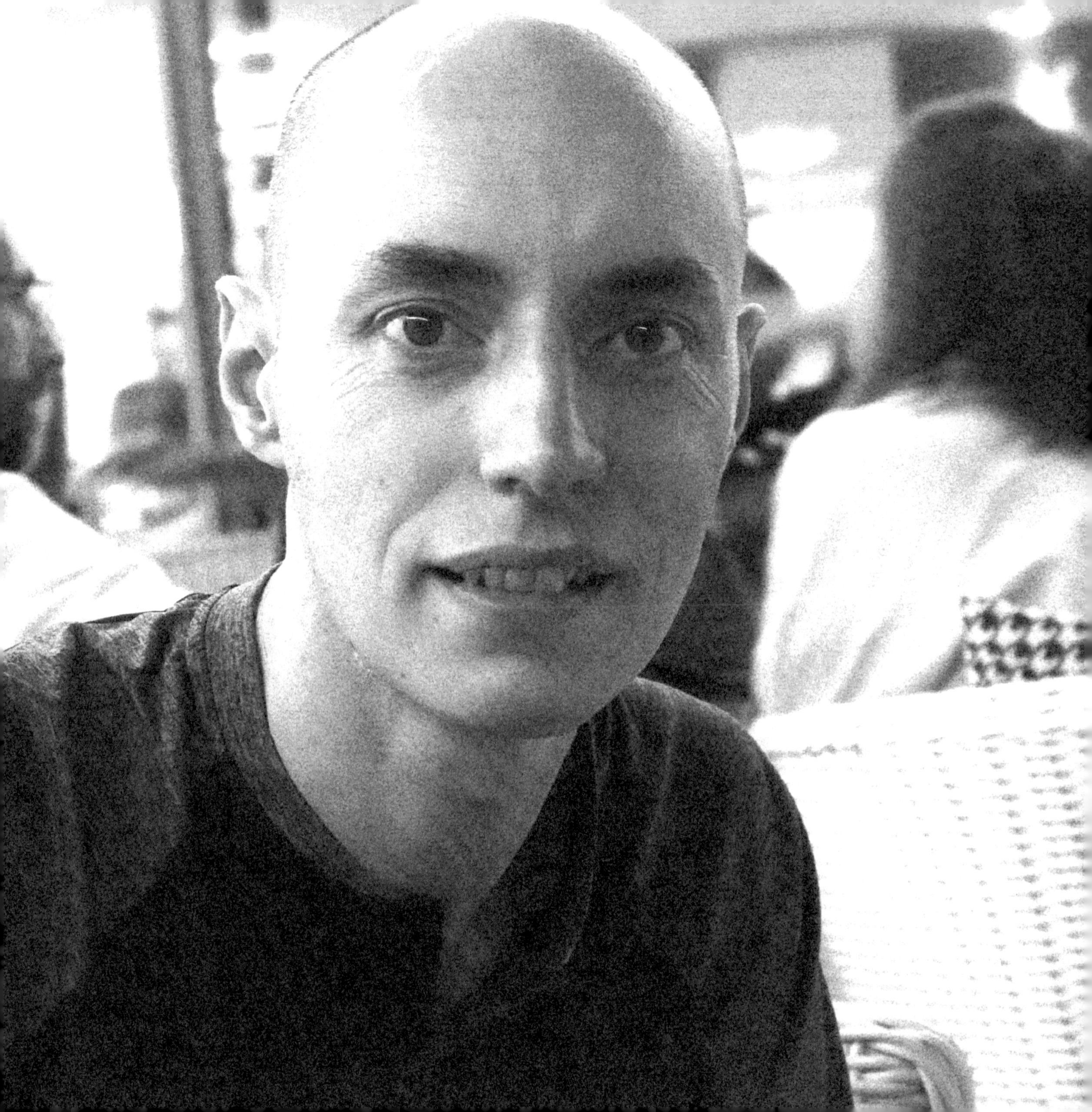

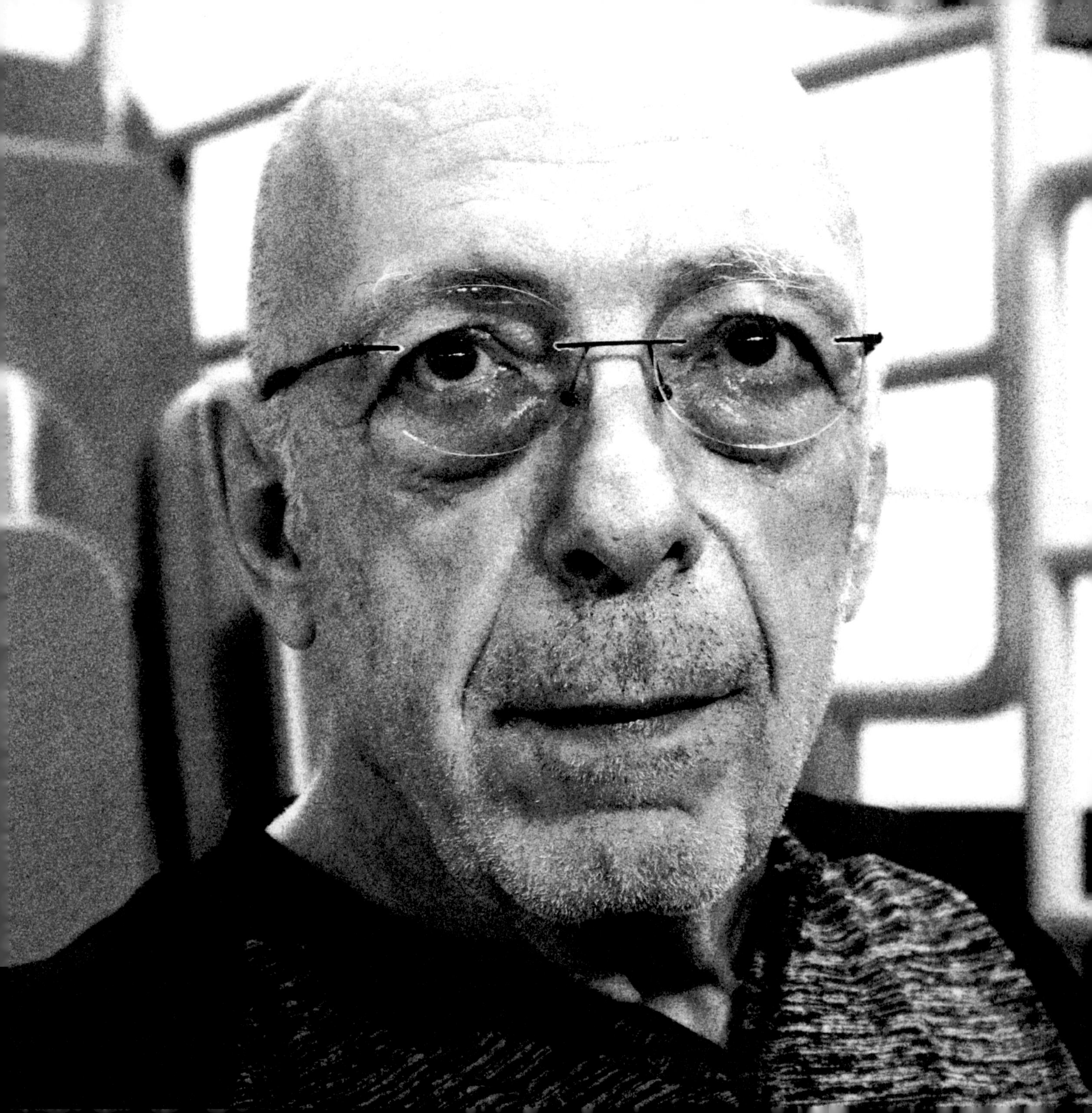

"I've been living with an unwelcome companion for 15 years now. It's like having an annoying tick that I can't seem to shake off, and for the time being, I have to put up with it and minimize its impact on the quality of my daily life."

«Ζω με αυτόν τον ανεπιθύμητο σύντροφο εδώ και 15 χρόνια. Είναι σαν να έχεις ένα ενοχλητικό τικ που δεν φαίνεται να φεύγει και, προς το παρόν, πρέπει απλά να ζήσω με αυτό και να μειώσω στο ελάχιστο τον αντίκτυπο στην ποιότητα της καθημερινότητάς μου.»

Apostolos from Greece, 15 years with Parkinson's.

Ο Απόστολος από την Ελλάδα, 15 χρόνια με Πάρκινσον.

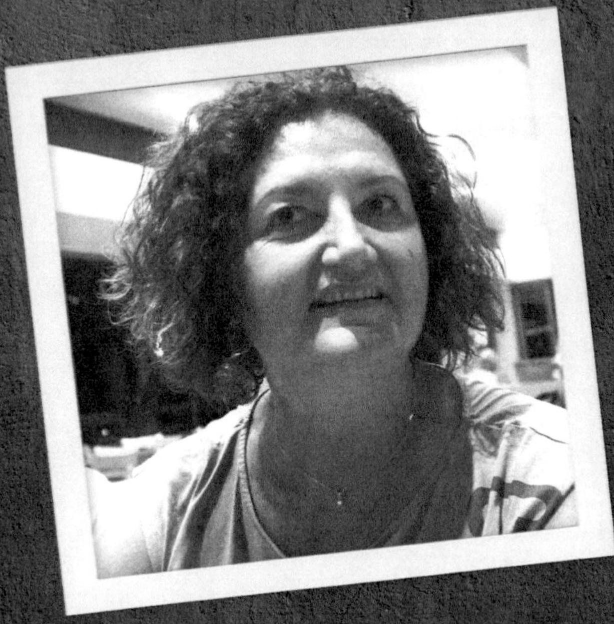

"For me, the disease is an unwanted companion, which often gives me obstacles and difficulties, but I have accepted we will face each other until I defeat it."

«Για μένα η ασθένεια είναι ένας ανεπιθύμητος σύντροφος, ο οποίος συχνά μου παραθέτει εμπόδια και δυσκολίες, αλλά έχω αποδεχθεί ότι θα αντιμετωπίζουμε ο ένας τον άλλον μέχρι να τον νικήσω».

Theodora from Greece, 6 years with Parkinson's.

Η Θεοδώρα από την Ελλάδα, 6 χρόνια με Πάρκινσον.

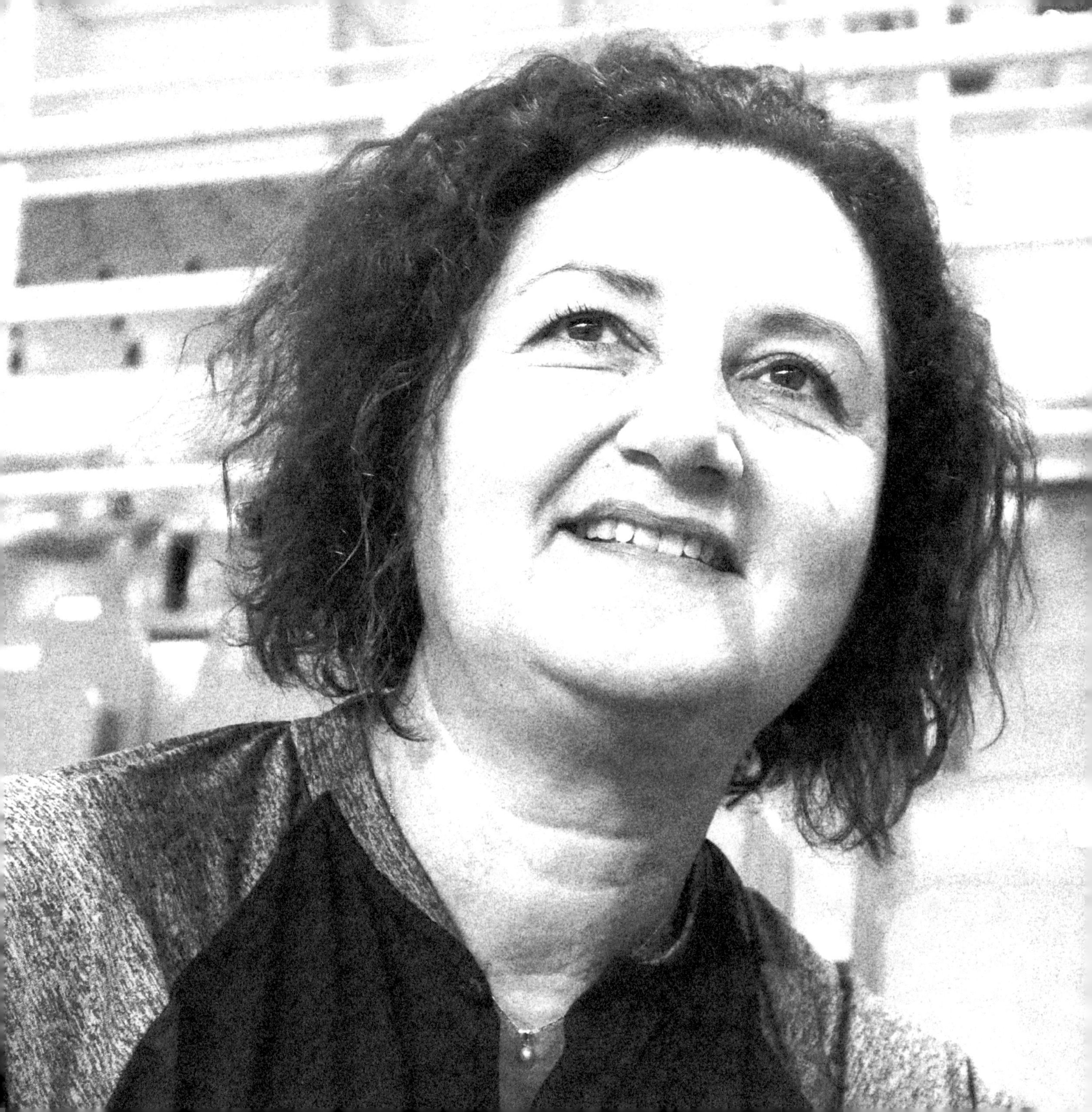

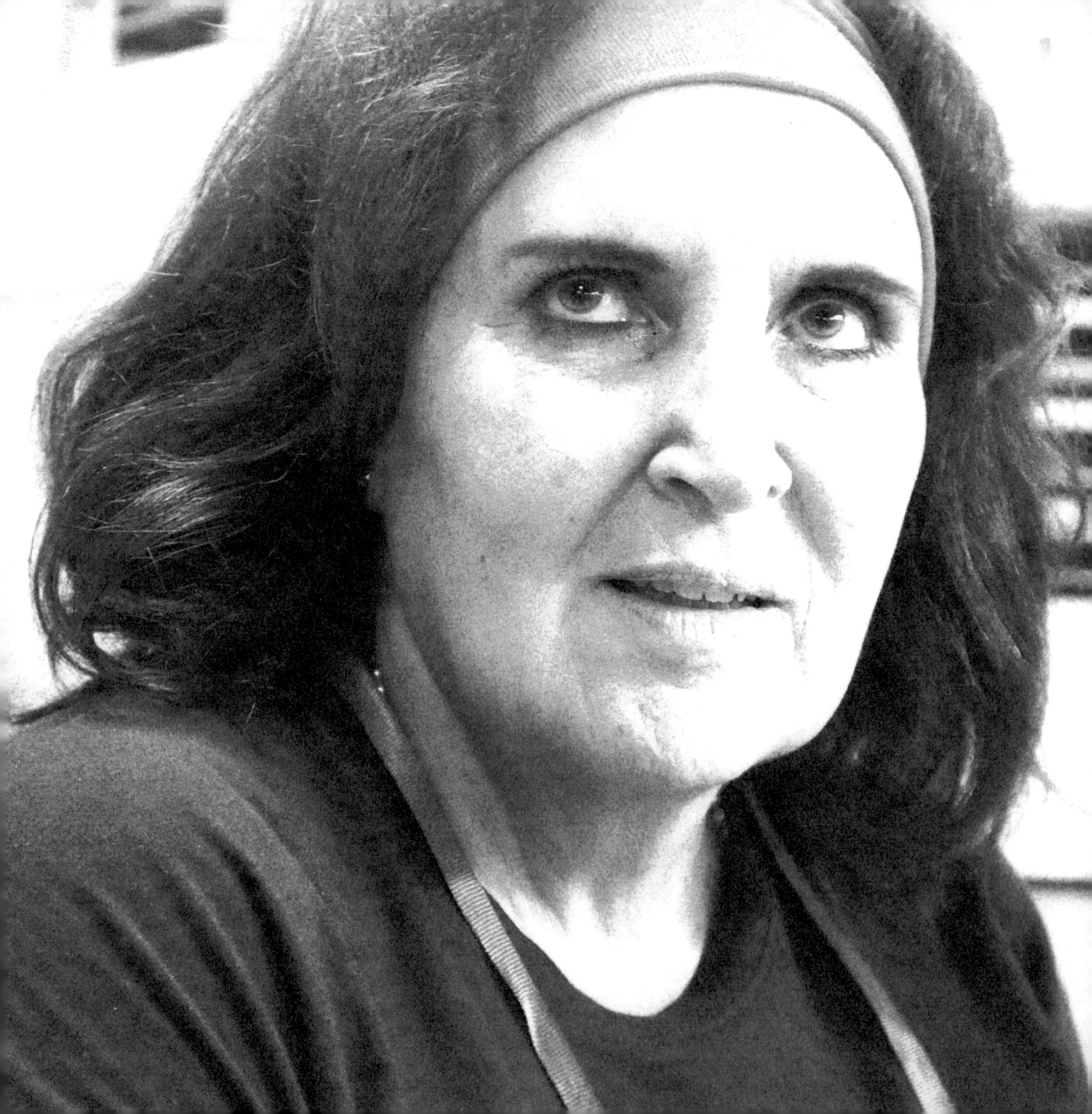

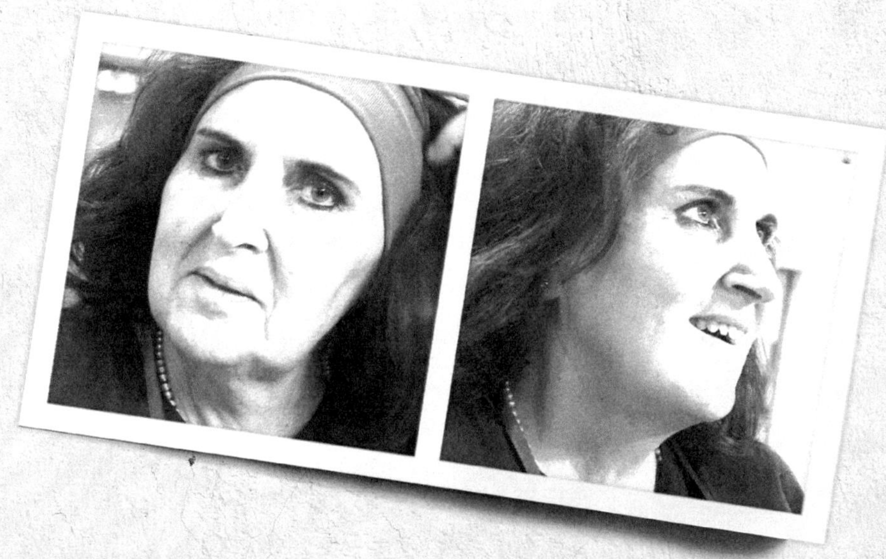

Isidora from Greece, 3 years with Parkinson's.

Η Ισιδώρα από την Ελλάδα, 3 χρόνια με Πάρκινσον.

"Parkinson's is like a dark tunnel for me, and each day the light grows dimmer as I navigate through the disease's challenges."

«Το Πάρκινσον είναι σαν ένα σκοτεινό τούνελ για εμένα και κάθε μέρα το φως όλο και χαμηλώνει όσο εξερευνώ τις προκλήσεις της ασθένειας».

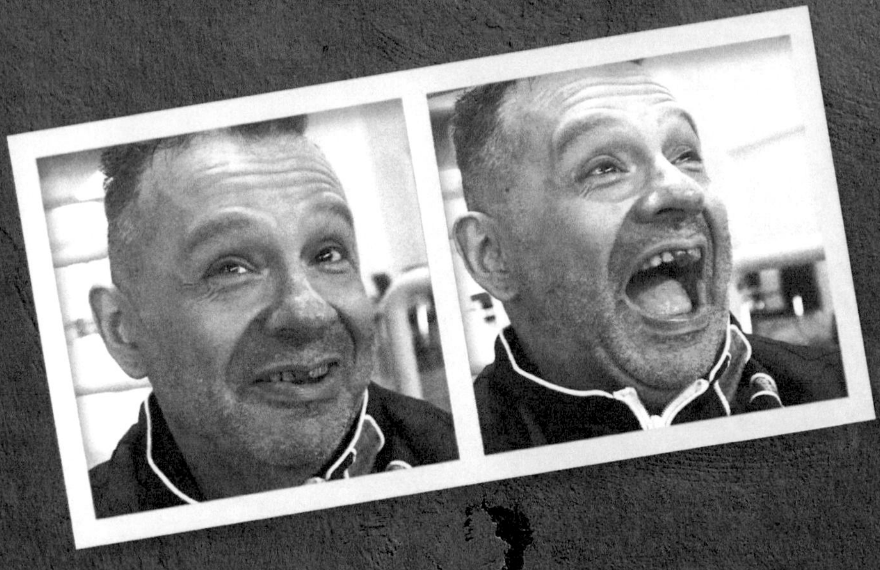

Niko from Greece, 6 years with Parkinson's.

Ο Νίκος από την Ελλάδα, 6 χρόνια με Πάρκινσον.

"Sorry, Parkinson's, but I am a better fighter than you."

«Συγγνώμη, Πάρκινσον, αλλά είμαι καλύτερος μαχητής από εσένα».

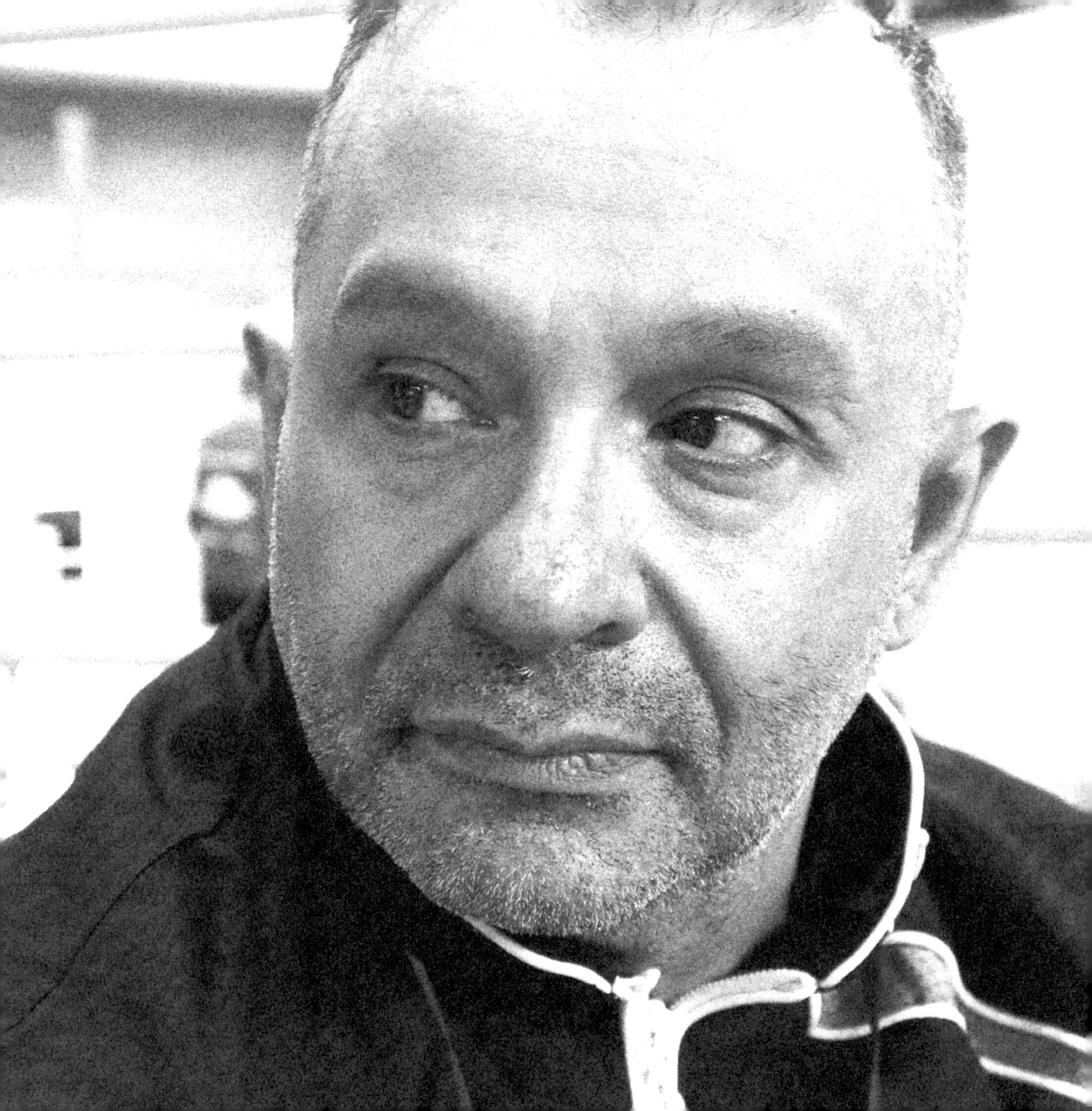

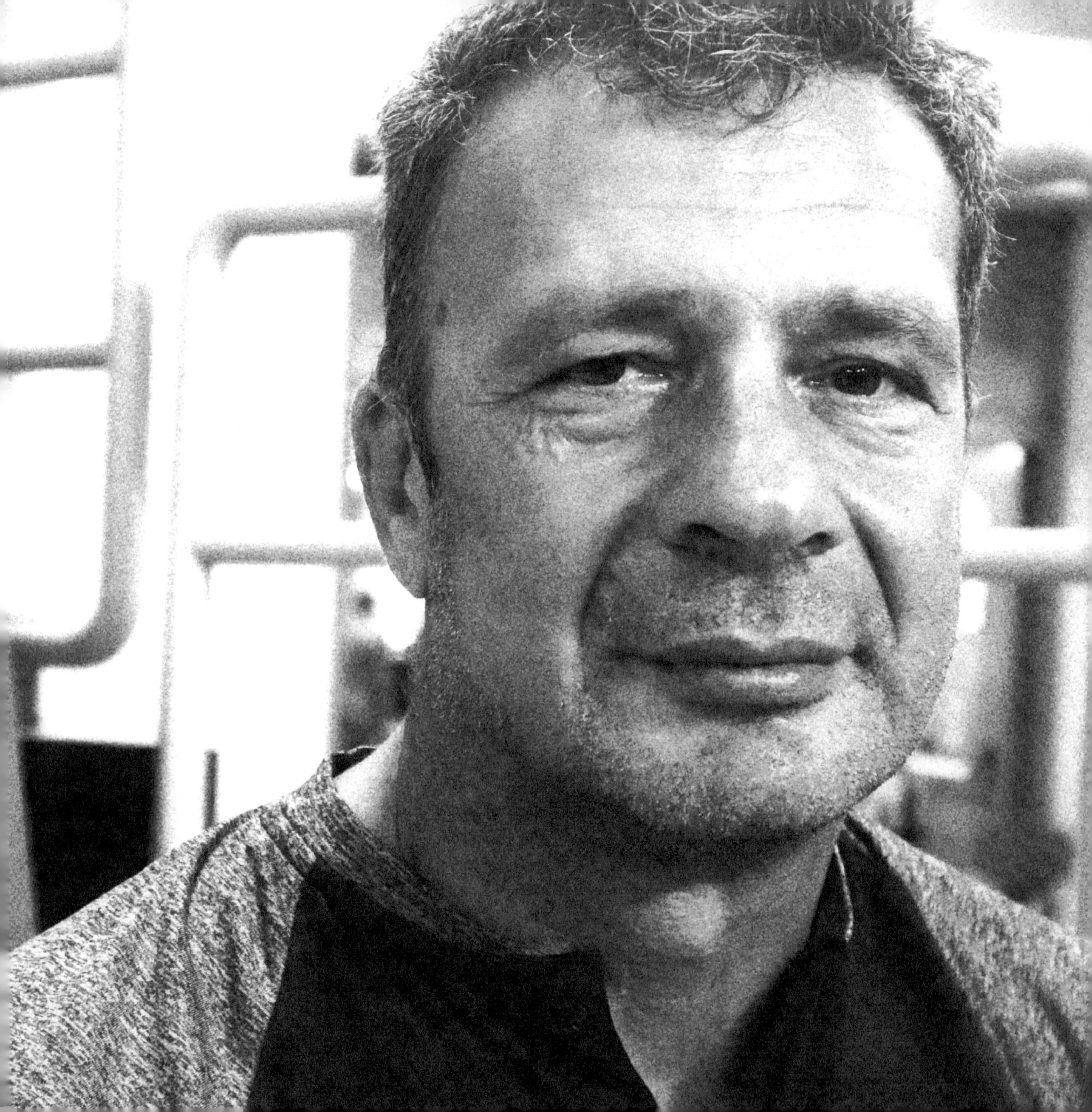

Parasxos from Greece, 4 years with Parkinson's

Ο Παράσχος από την Ελλάδα, 4 χρόνια με Πάρκινσον

«Living with Parkinson's presents a daily challenge, from pain and fatigue to fear and mobility difficulties. This adversity also offers opportunities for personal and spiritual growth. Philosophically, we perceive every obstacle as an opportunity, but not every opportunity presents obstacles to us. Parkinson's can serve as a teacher and a friend, offering valuable lessons in resilience and determination.»

«Το να ζεις με Πάρκινσον παρουσιάζει μία καθημερινή πρόκληση, από τον πόνο και την εξάντληση, μέχρι τον φόβο και τα κινητικά προβλήματα. Η δυσκολία αυτή επίσης προσφέρει ευκαιρίες για προσωπική και πνευματική ανάπτυξη. Από φιλοσοφική άποψη, βλέπουμε κάθε εμπόδιο σαν μια ευκαιρία, χωρίς απαραίτητα κάθε ευκαιρία να παρουσιάζει εμπόδια. Το Πάρκινσον μπορεί να λειτουργήσει σαν δάσκαλος και φίλος, δίνοντάς μας πολύτιμα μαθήματα δύναμης και αποφασιστικότητας.»

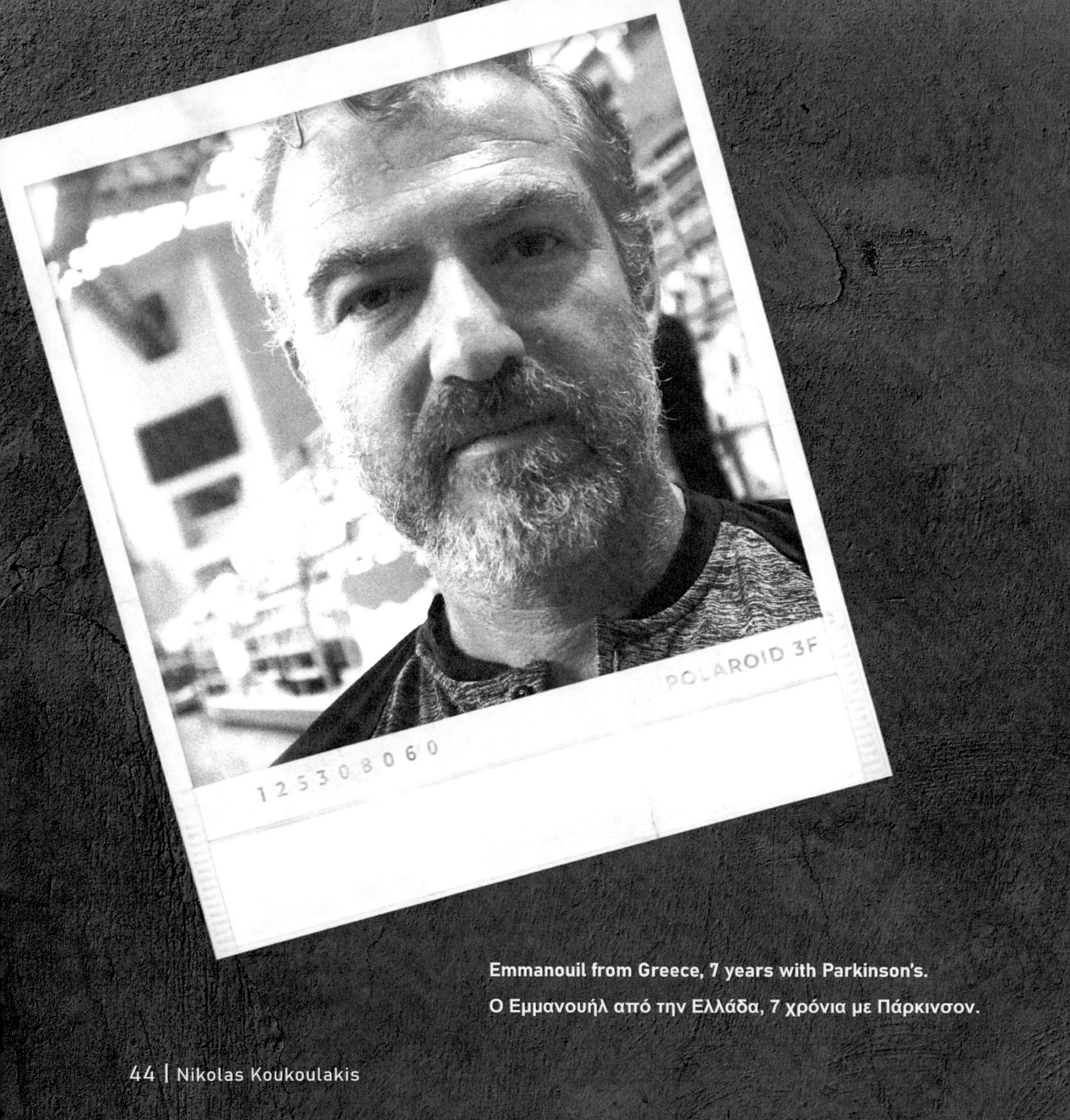

Emmanouil from Greece, 7 years with Parkinson's.

Ο Εμμανουήλ από την Ελλάδα, 7 χρόνια με Πάρκινσον.

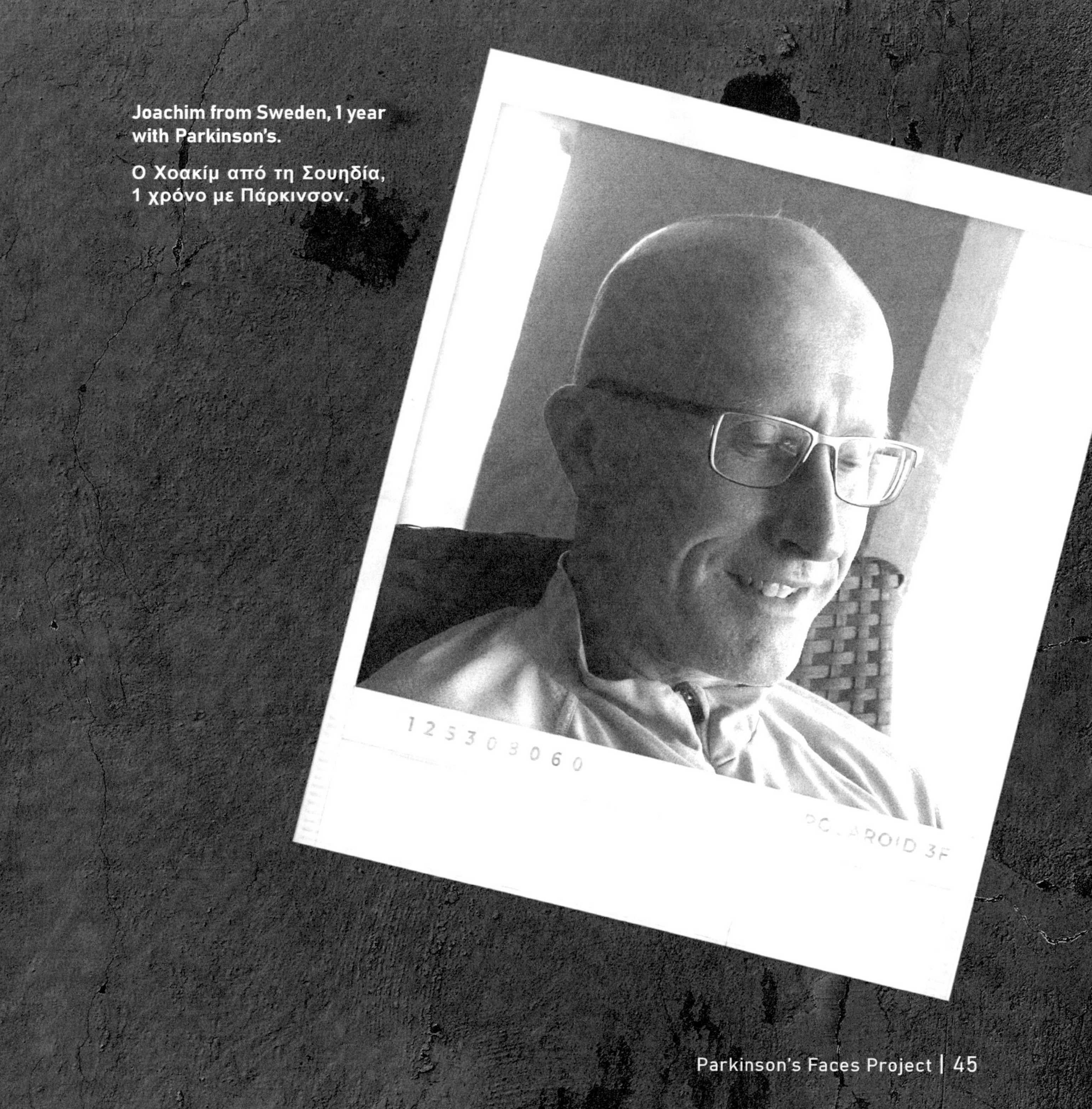

Joachim from Sweden, 1 year
with Parkinson's.

Ο Χοακίμ από τη Σουηδία,
1 χρόνο με Πάρκινσον.

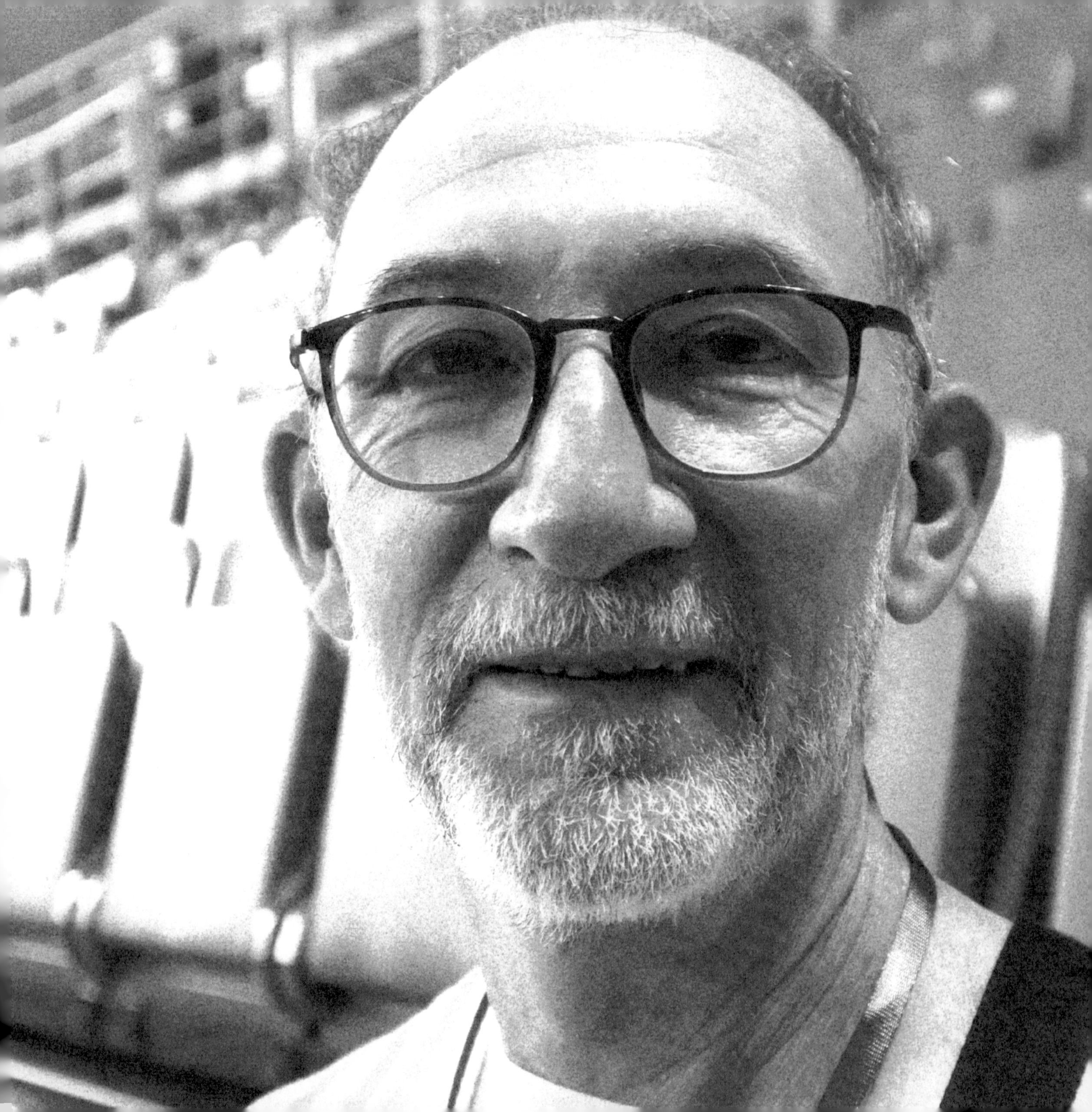

Phillipe from Tahiti, 2 years with Parkinson's.

Ο Φίλλιπε από την Ταϊτή, 2 χρόνια με Πάρκινσον.

"Although illness can be harmful, it is also a more intense experience of life, where ad‑versity can bring out the best of humanity."

«Παρόλο που η ασθένεια μπορεί να γίνει επιβλαβής, είναι παράλληλα και ένας πιο έντονος τρόπος ζωής, όπου η αντιξοότητα μπορεί να βγάλει προς τα έξω το καλό της ανθρωπότητας».

Christian from Austria, 4 years with Parkinson's.

Ο Κρίστιαν από την Αυστρία, 4 χρόνια με Πάρκινσον.

"Through my experiences with Parkinson's, I learned that, while we may face vulnerability alone, we can become incredibly resilient when we're surrounded by a supportive community of table tennis players."

«Μέσα από τις εμπειρίες μου με το Πάρκινσον, έμαθα πως, ενώ μπορεί να αντιμετωπίζουμε την ευπάθεια μόνοι μας, μπορούμε να γίνουμε απίστευτα ανθεκτικοί όταν είμαστε ανάμεσα σε μια υποστηρικτική κοινότητα παικτών πινγκ πονγκ».

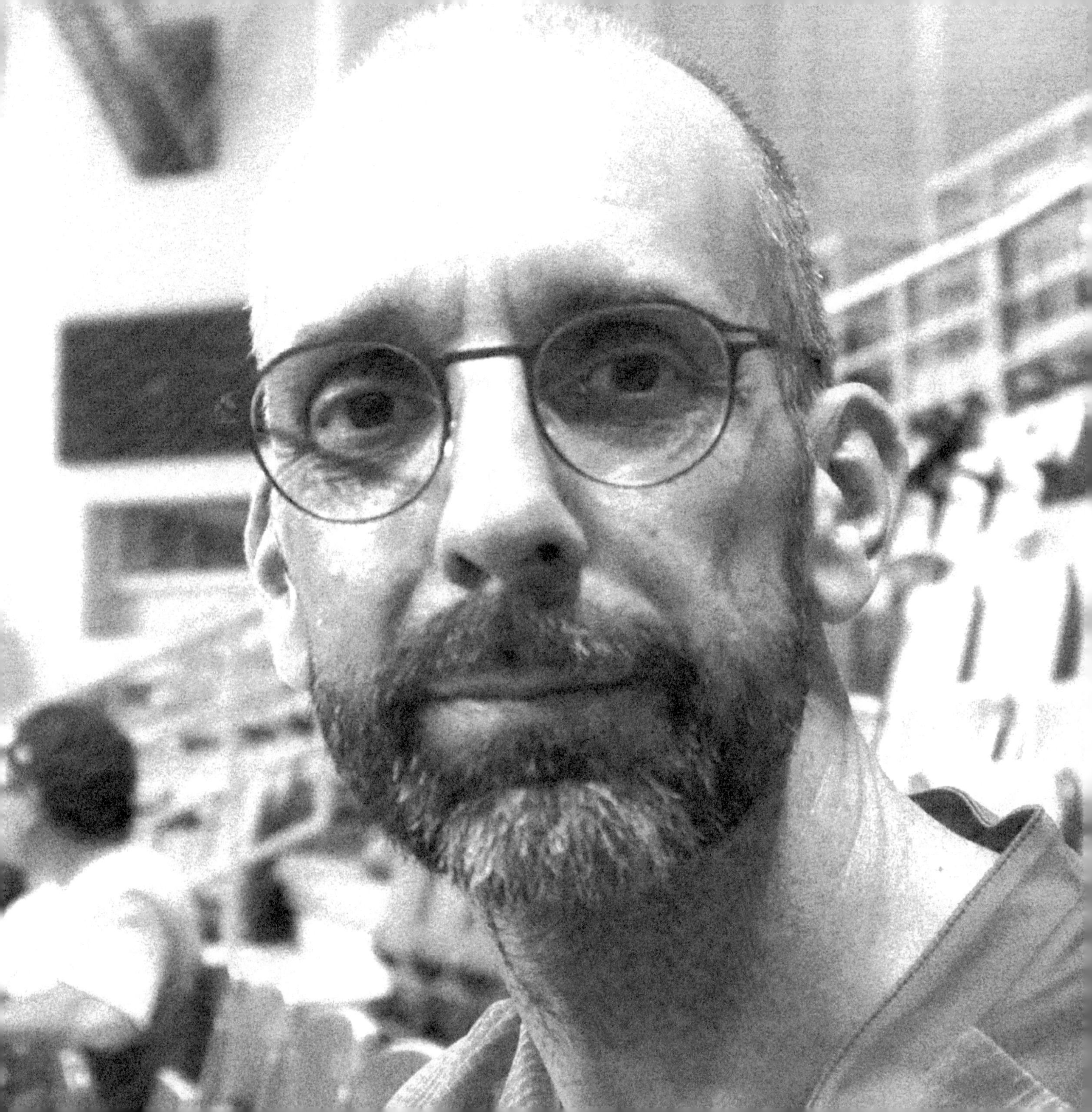

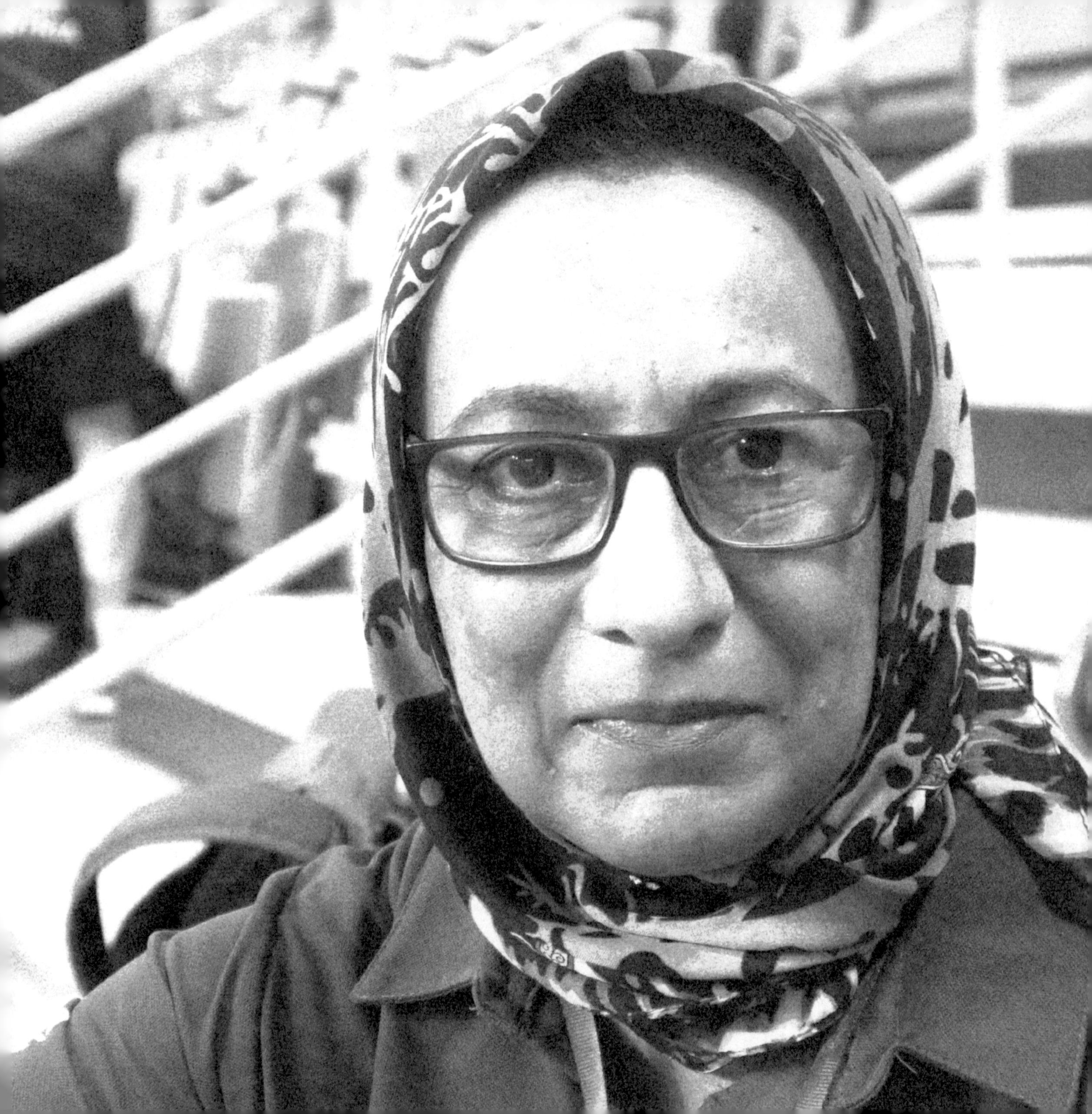

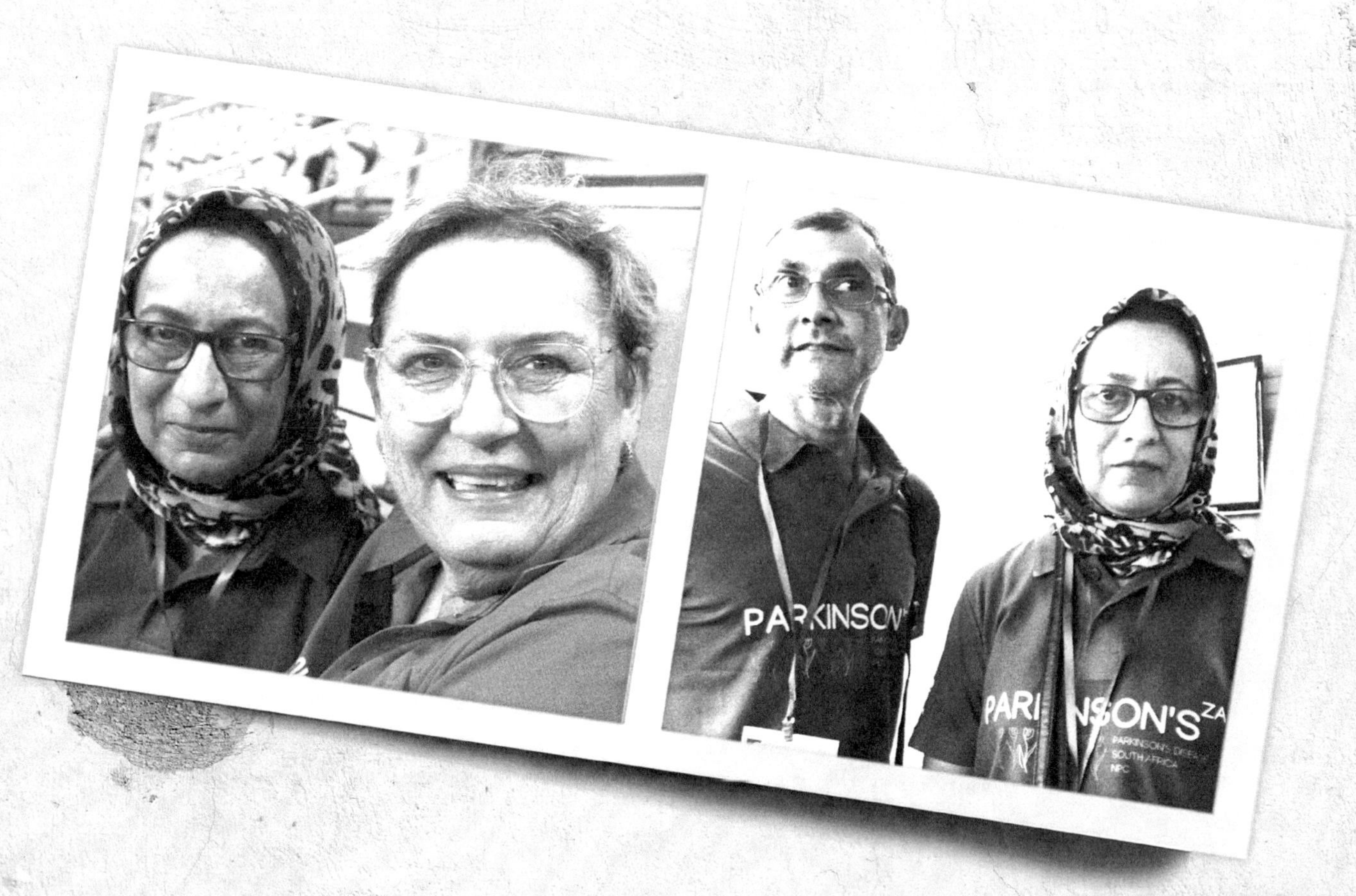

Nassema from South Africa, 10 years with Parkinson's.

Η Νασέμα από τη Νότια Αφρική, 10 χρόνια με Πάρκινσον.

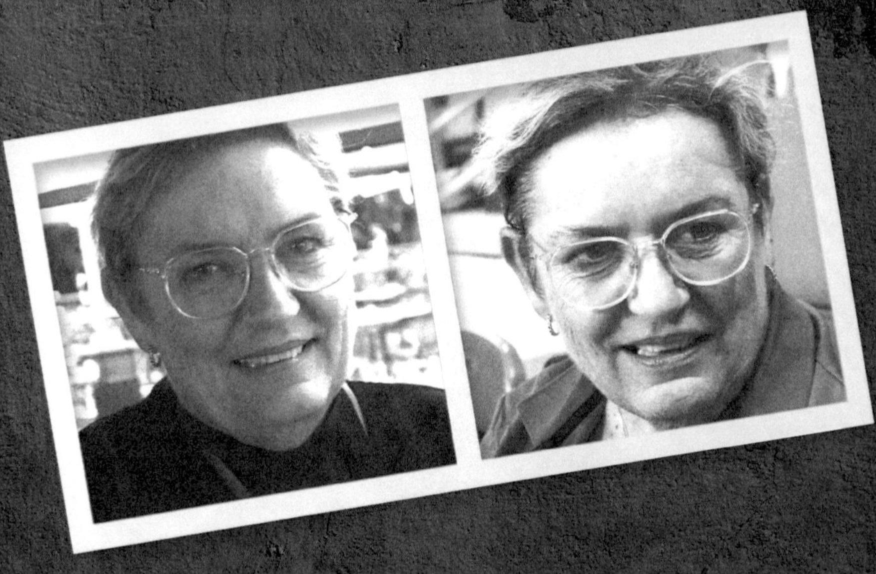

Elisabeth from Denmark, 10 years with Parkinson's.

Η Ελισάβετ από τη Δανία, 10 χρόνια με Πάρκινσον.

"For me, giving up is not an option. I made the decision long ago to make the most of each day and express gratitude for my life. I have nothing to complain about."

«Για μένα, το να τα παρατήσω δεν είναι επιλογή. Αποφάσισα εδώ και καιρό να εκμεταλλεύομαι τις μέρες μου όσο καλύτερα γίνεται και να εκφράζω ευγνωμοσύνη για τη ζωή μου. Δεν έχω κανένα παράπονο.»

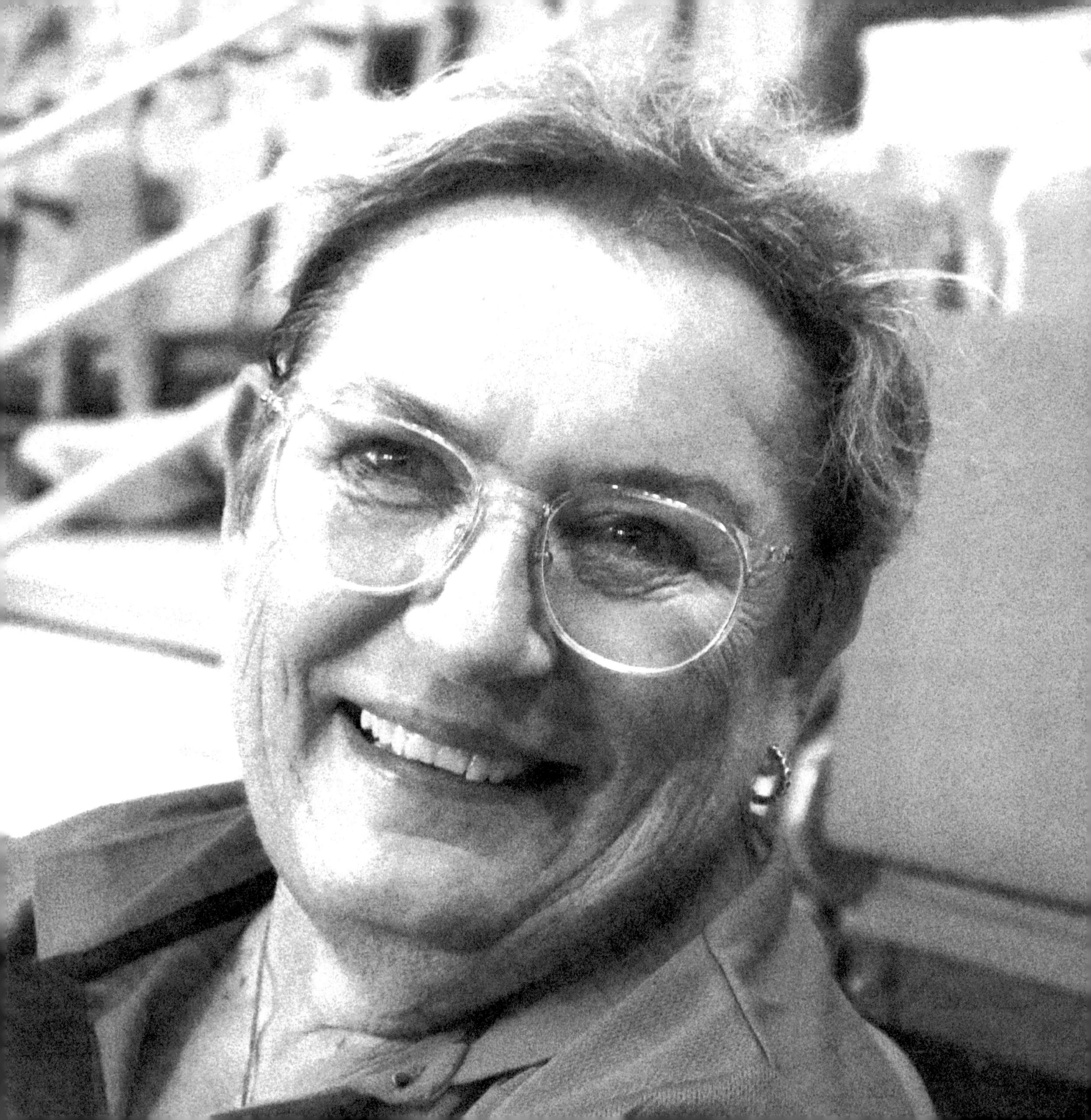

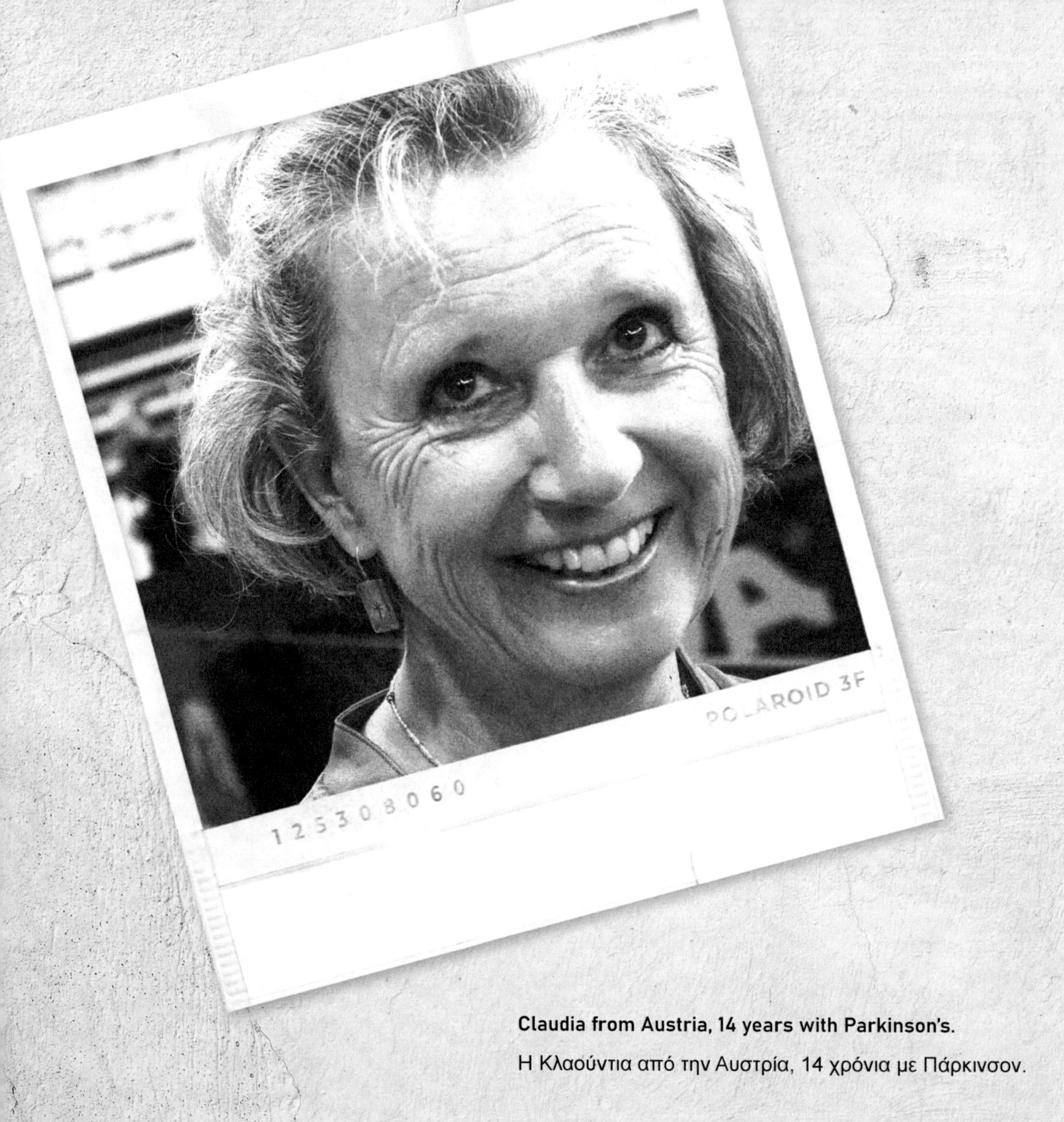

Claudia from Austria, 14 years with Parkinson's.

Η Κλαούντια από την Αυστρία, 14 χρόνια με Πάρκινσον.

Torgny from Sweden, 5 years
with Parkinson's.

Ο Τόργκνι από τη Σουηδία, 5
χρόνια με Πάρκινσον.

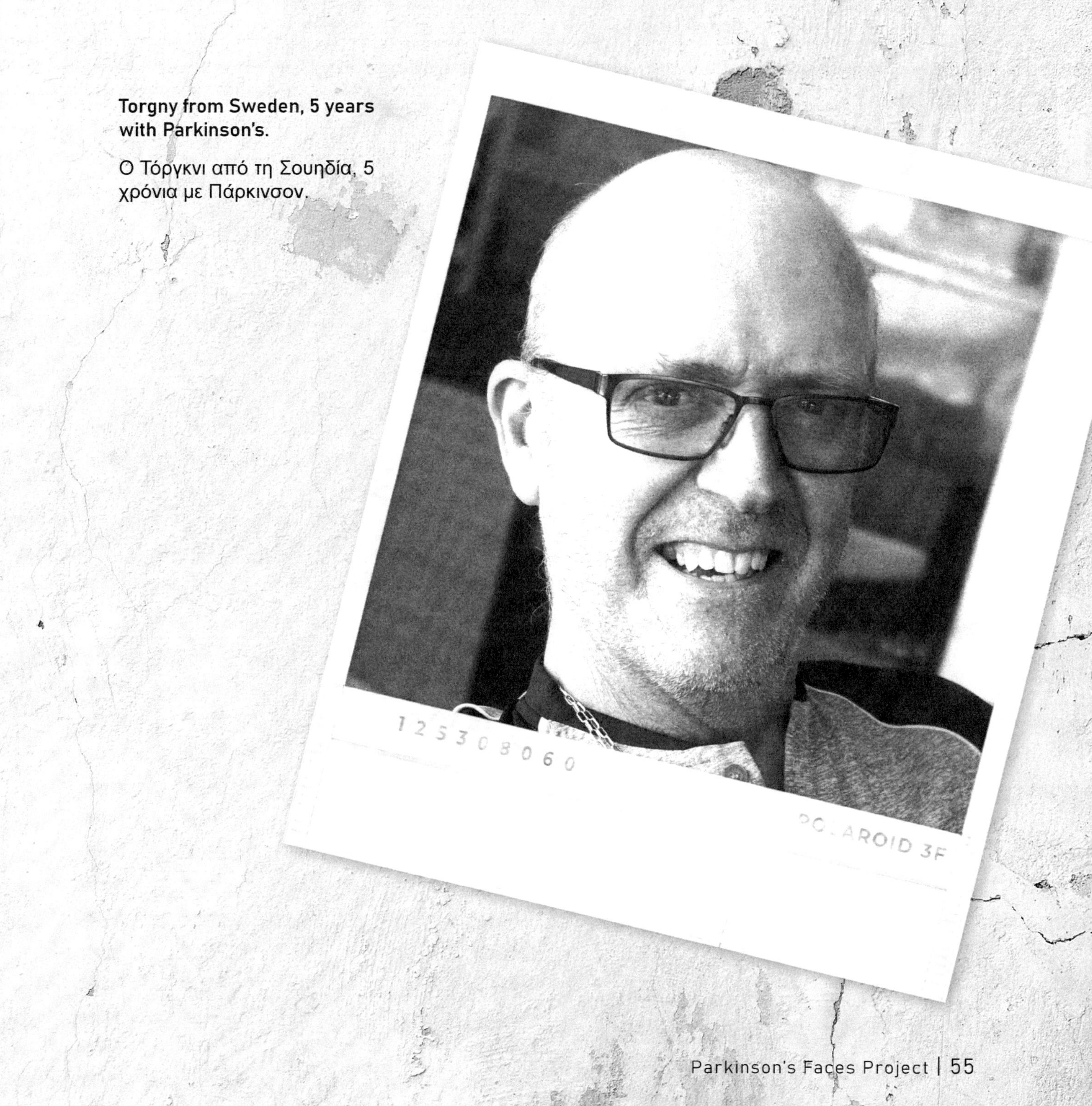

1 2 5 3 0 8 0 6 0
POLAROID 3F

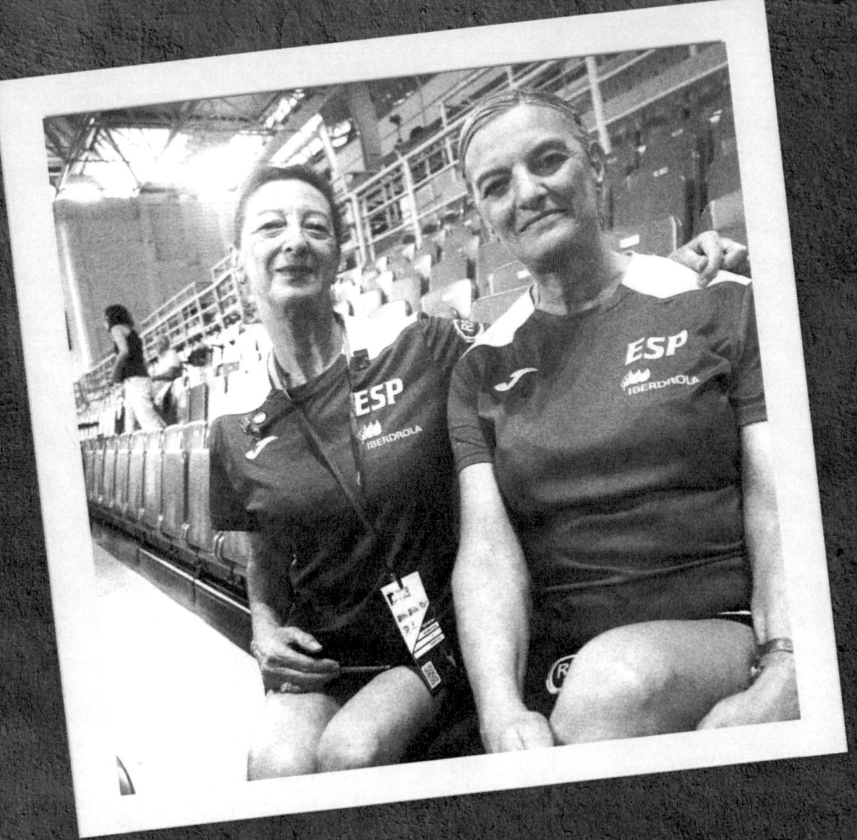

Kuka from Spain, 5 years with Parkinson's.

Η Κούκα από την Ισπανία, 5 χρόνια με Πάρκινσον.

"Parkinson is the enemy that accompanies me every day."

«Το Πάρκινσον είναι ο εχθρός που με ακολουθεί κάθε μέρα».

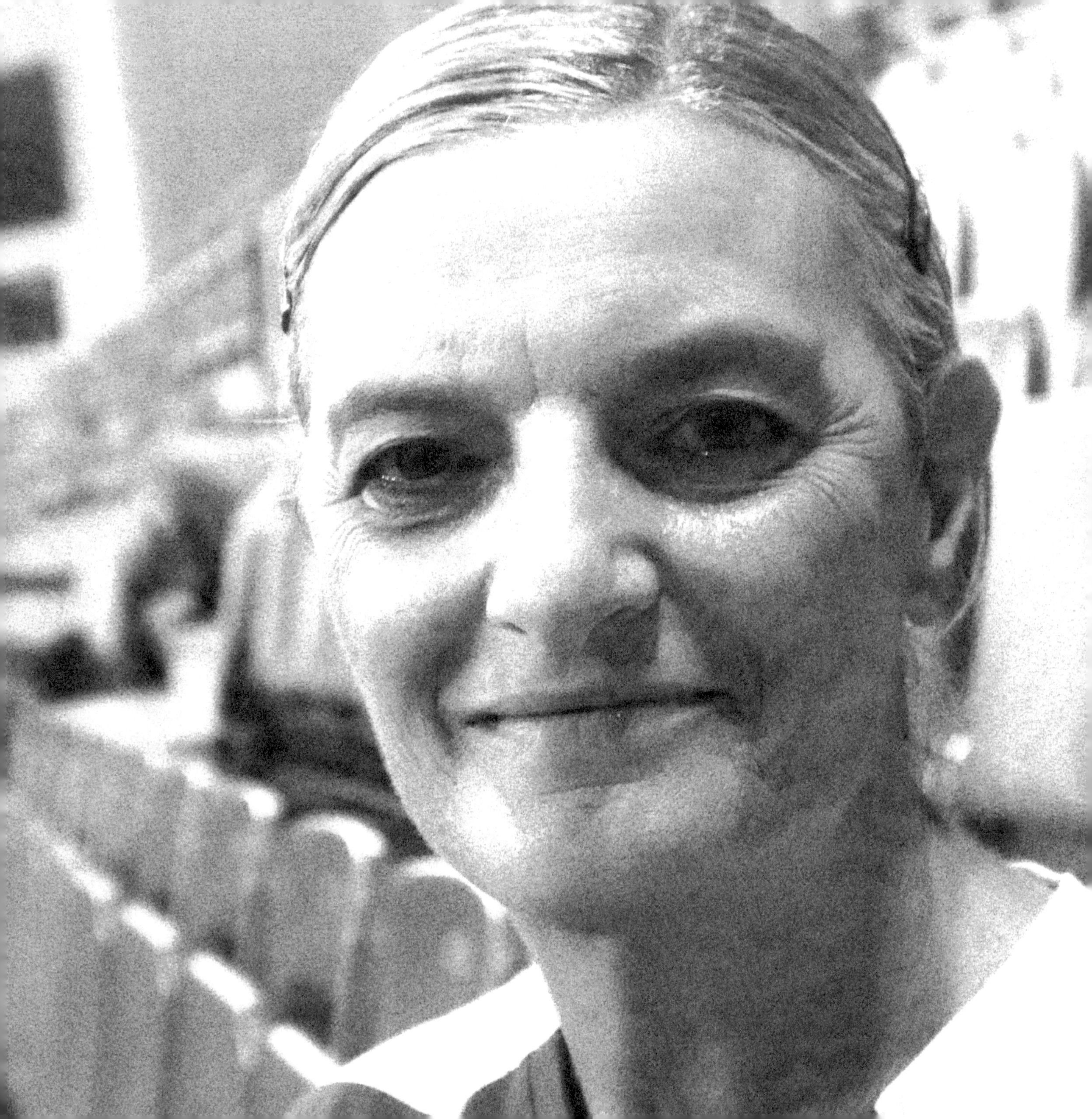

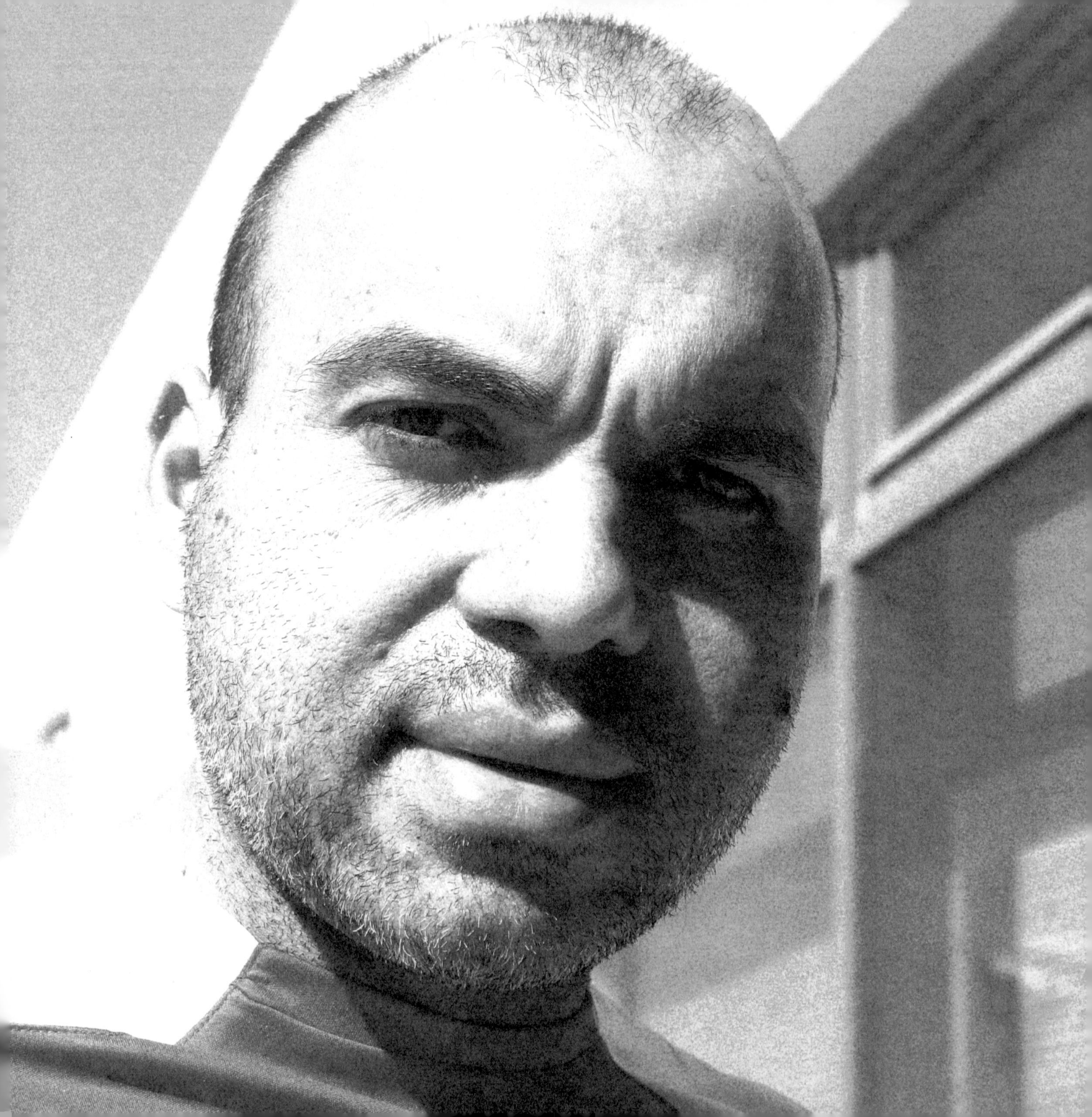

Gabriel from Spain, 8 years with Parkinson's.

Ο Γκάμπριελ από την Ισπανία, 8 χρόνια με Πάρκινσον.

"Parkinson's has deceived me because it has made me believe that it only affects my body, while I have realized that it also affects my mind, and it has a much stronger effect on me."

«Το Πάρκινσον με έχει ξεγελάσει γιατί με έκανε να πιστεύω ότι επηρεάζει μόνο το σώμα μου, ενώ συνειδητοποίησα ότι έχει επίδραση και στο μυαλό μου και έχει ακόμη περισσότερο επηρεάσει τον εαυτό μου».

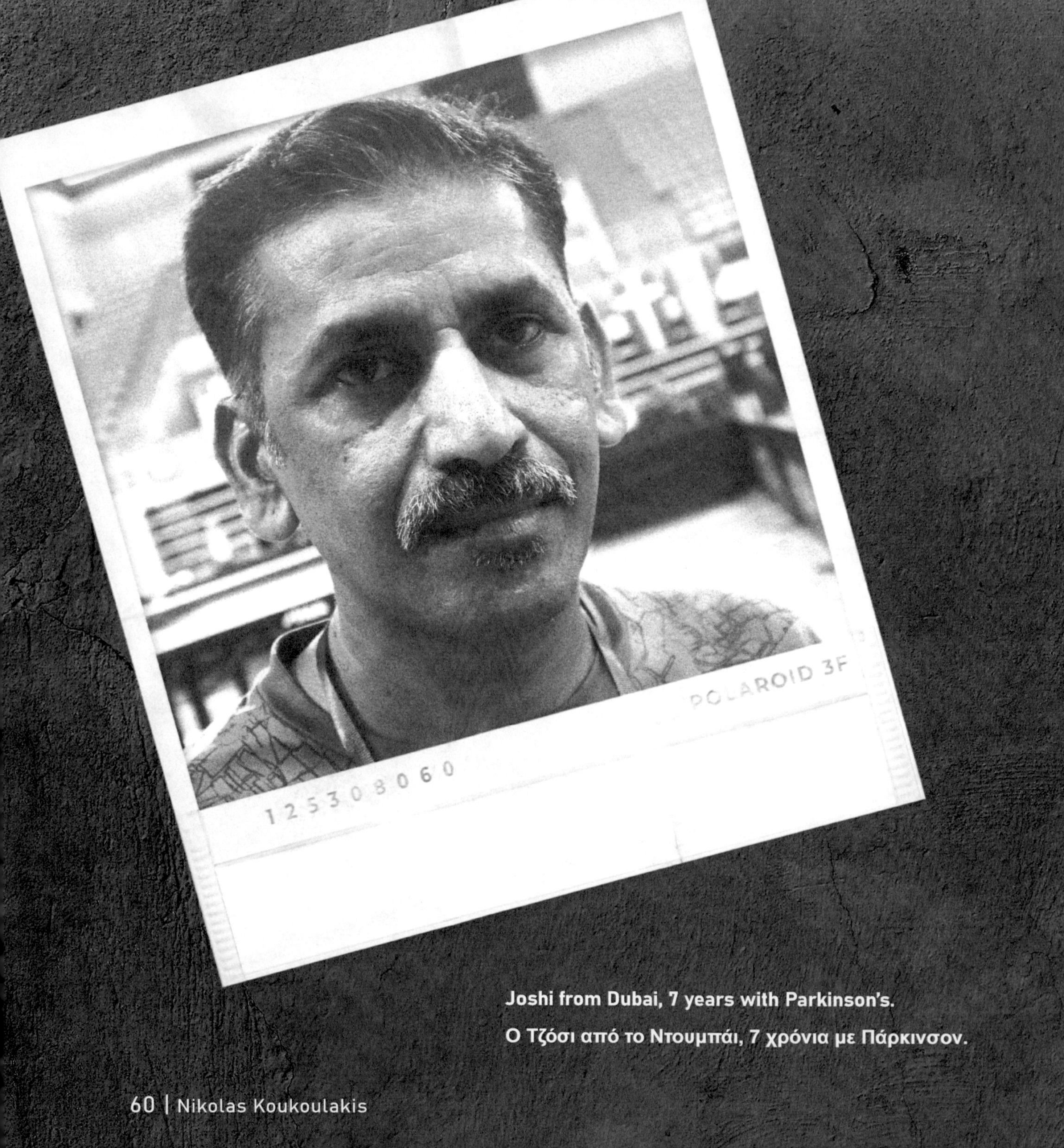

Joshi from Dubai, 7 years with Parkinson's.

Ο Τζόσι από το Ντουμπάι, 7 χρόνια με Πάρκινσον.

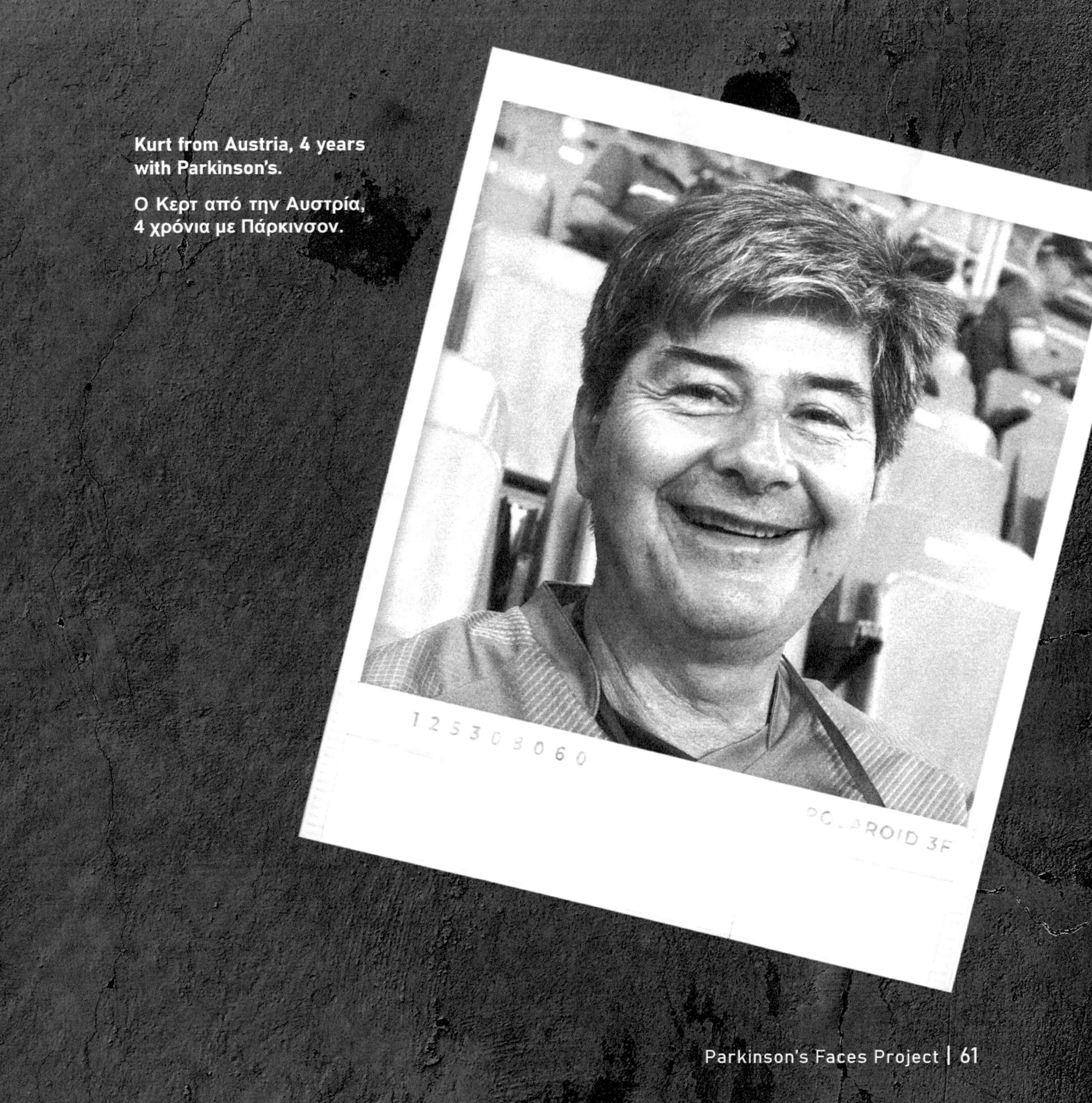

Kurt from Austria, 4 years
with Parkinson's.

Ο Κερτ από την Αυστρία,
4 χρόνια με Πάρκινσον.

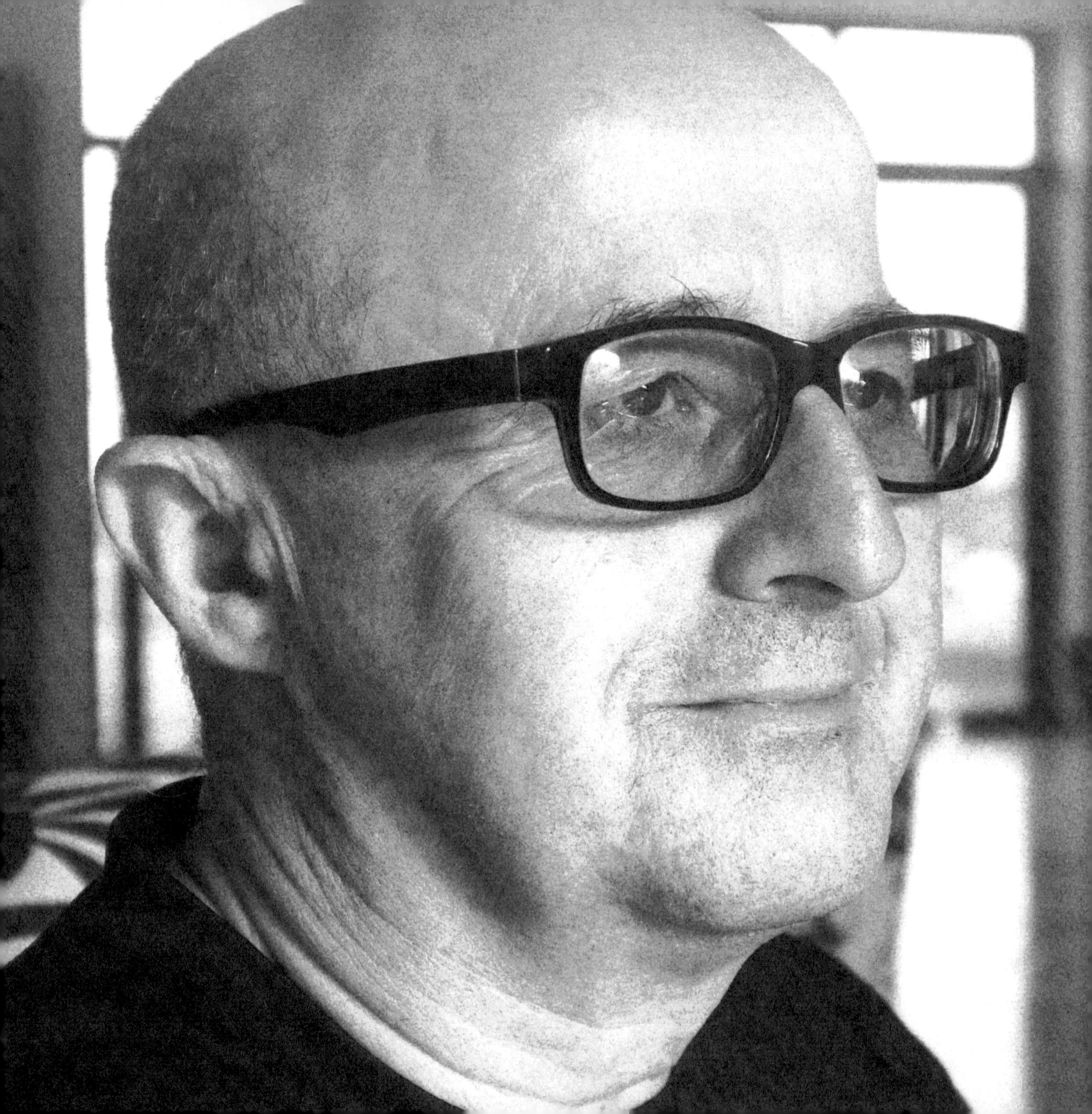

Steve from Scotland, 5 years with Parkinson's.

Ο Στηβ από τη Σκωτία, 5 χρόνια με Πάρκινσον.

"Parkinson's means never giving in, especially when playing table tennis to slow down the symptoms."

«Το Πάρκινσον σημαίνει να μην εγκαταλείπεις ποτέ, ειδικά όταν παίζεις πινγκ πονγκ για να μειώσεις τα συμπτώματα».

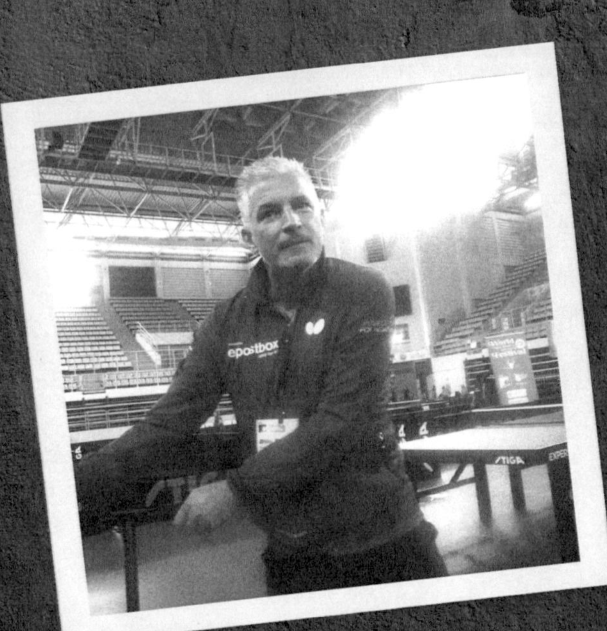

Maik (55 years) from Germany, 17 years with Parkinson's.

Ο Μάικ (55 ετών) από τη Γερμανία, 17 χρόνια με Πάρκινσον.

"I have been living with Parkinson's for 17 years now. I was once the youngest person in Hamburg diagnosed with the disease. I spent a year in a wheelchair, but eventually, I fought my way out on my own, and I got deep brain stimulation. I hope one day I'll be able to say that I once HAD Parkinson's. Giving up is not an option!"

«Ζω με Πάρκινσον εδώ και 17 χρόνια. Κάποτε ήμουν το νεότερο άτομο στο Αμβούργο που διαγνώστηκε με τη νόσο. Πέρασα έναν χρόνο στην αναπηρική καρέκλα, αλλά τελικά κατάφερα να παλέψω με τον δικό μου τρόπο, και δέχτηκα μια ισχυρή εγκεφαλική διέγερση. Ελπίζω μια μέρα να μπορώ να πω ότι κάποτε είχα Πάρκινσον. Το να τα παρατήσω δεν είναι επιλογή!»

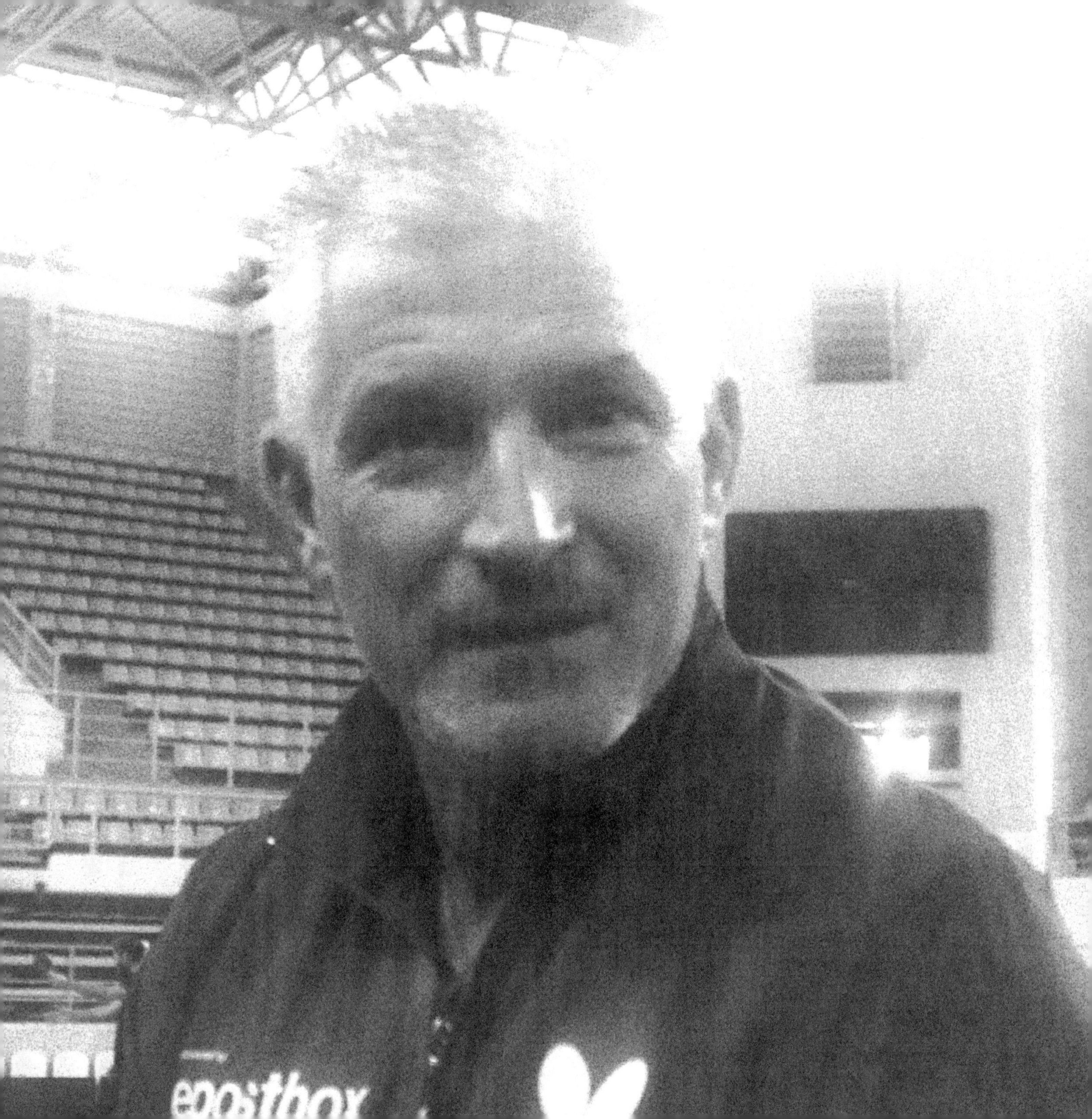

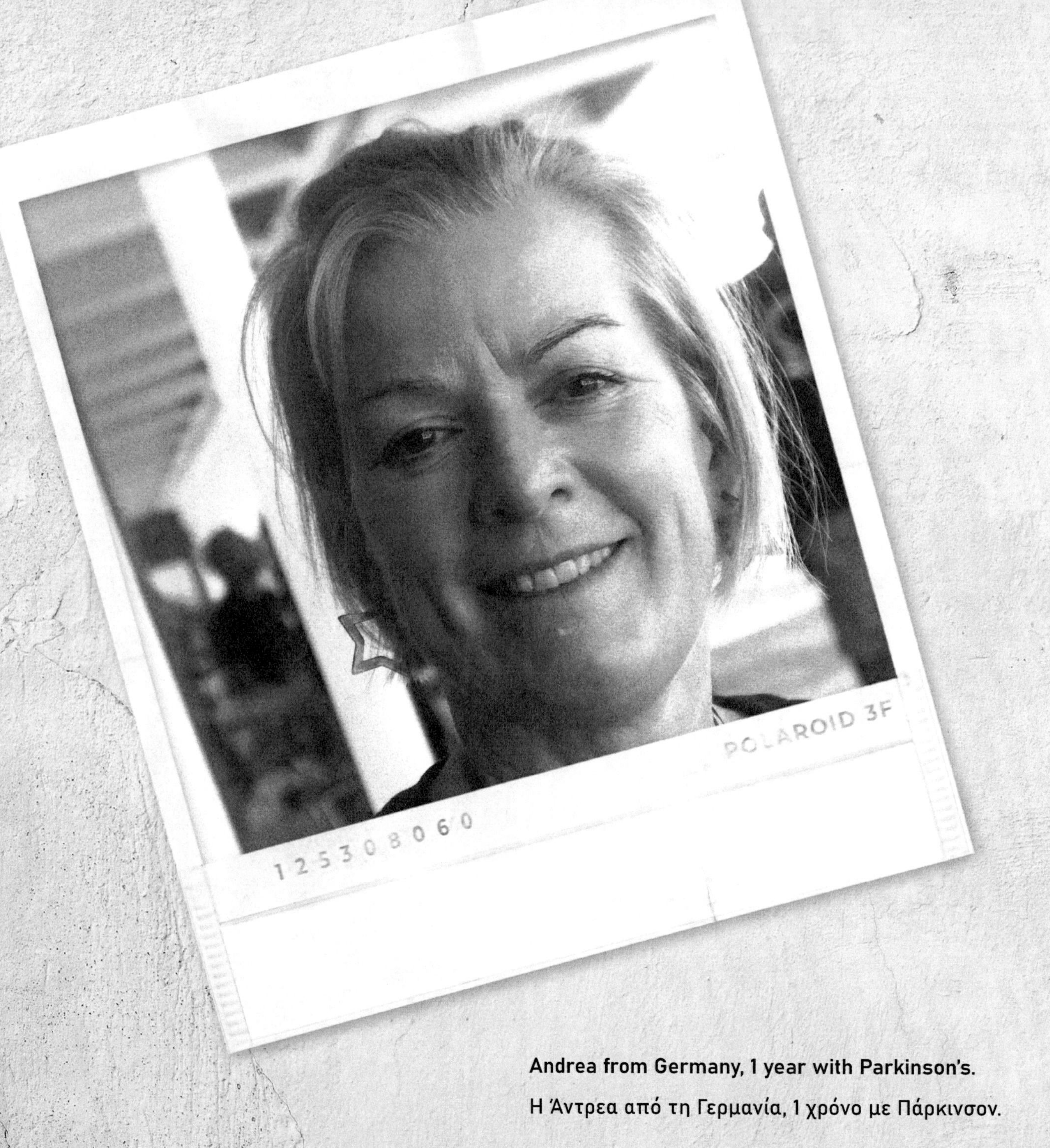

Andrea from Germany, 1 year with Parkinson's.

Η Άντρεα από τη Γερμανία, 1 χρόνο με Πάρκινσον.

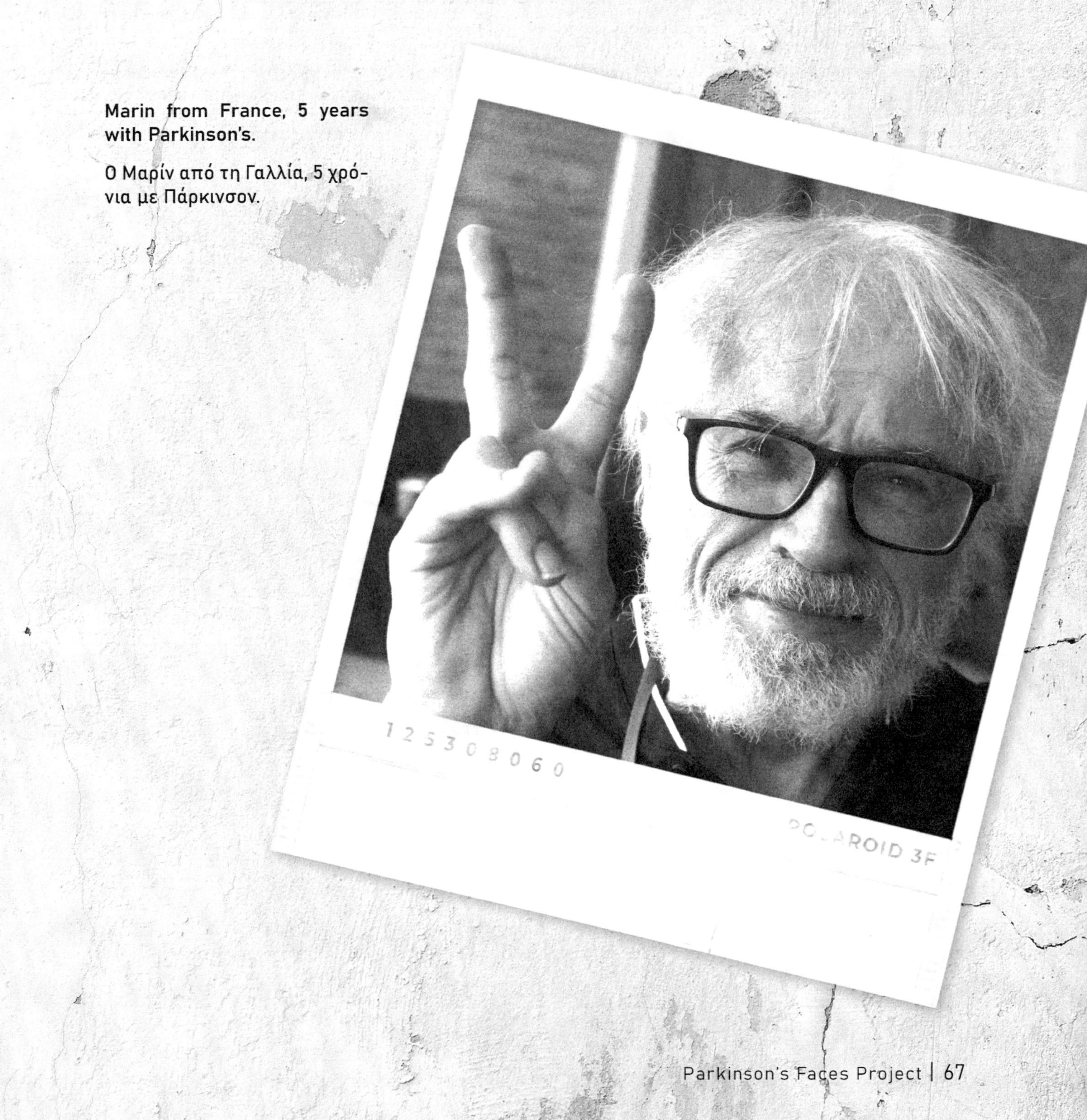

Marin from France, 5 years with Parkinson's.

Ο Μαρίν από τη Γαλλία, 5 χρόνια με Πάρκινσον.

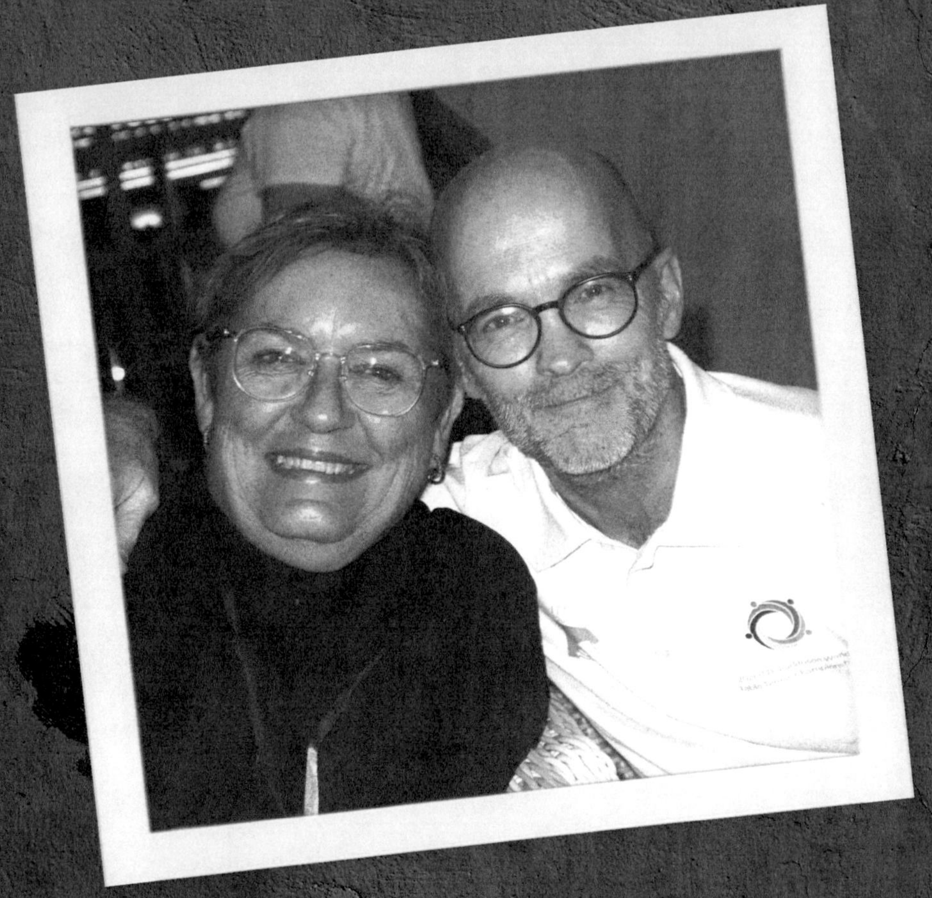

Jens from Germany, 9 years with Parkinson's.

Ο Γιενς από τη Γερμανία, 9 χρόνια με Πάρκινσον.

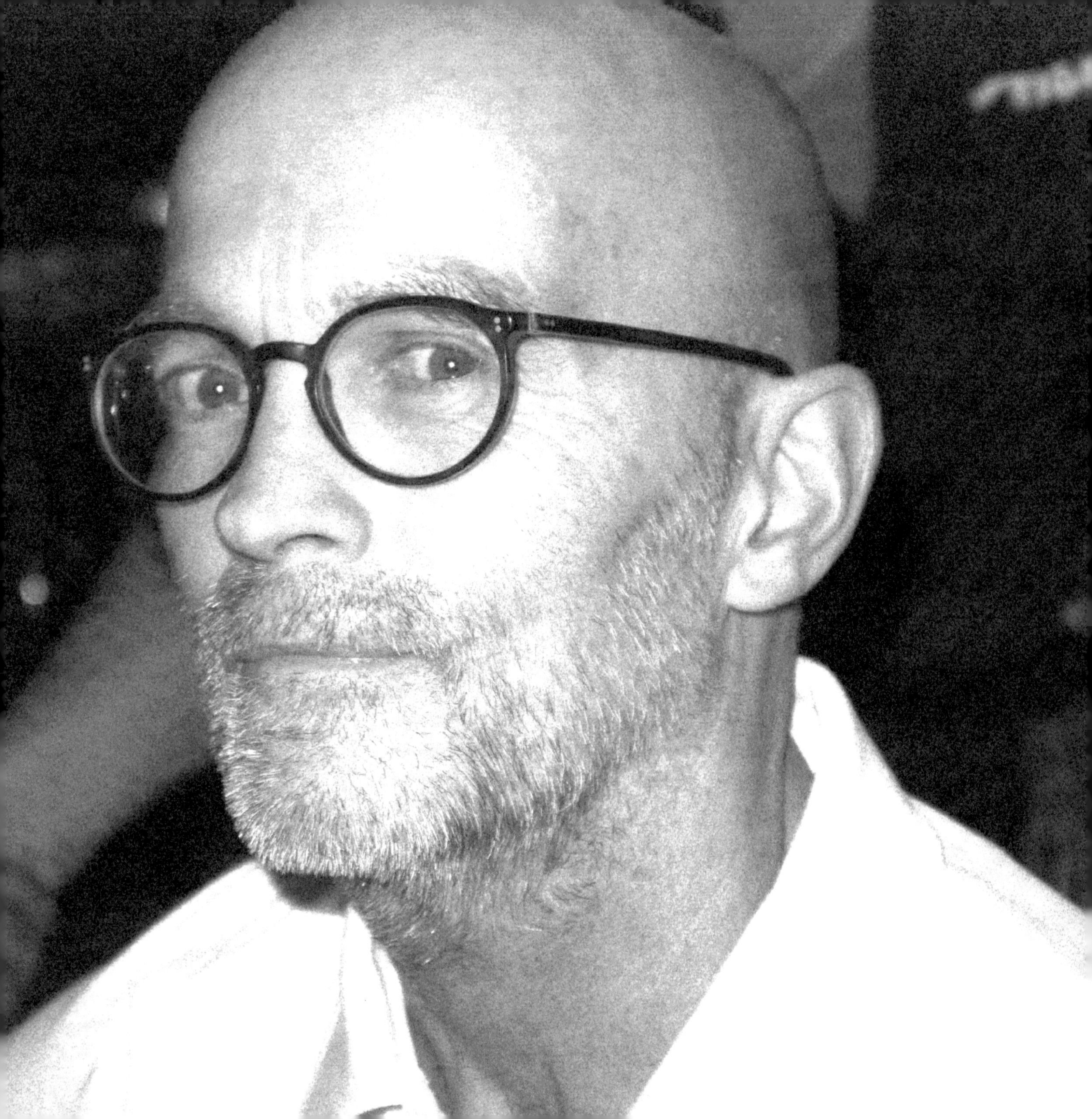

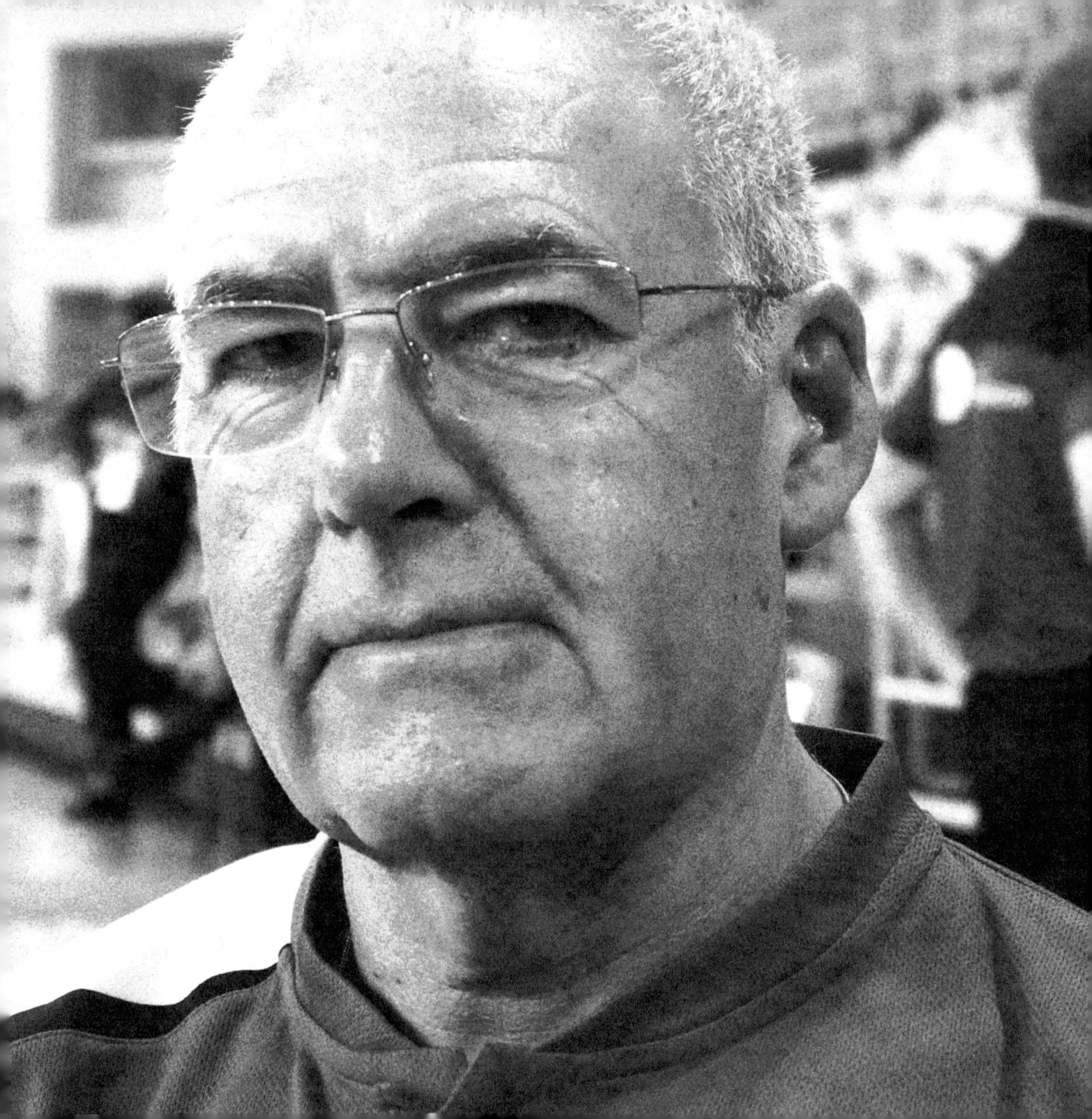

Brian from Scotland, 6 years with Parkinson's.

Ο Μπράιαν από τη Σκωτία, 6 χρόνια με Πάρκινσον.

"Having Parkinson's means I sometimes need to do things differently, but it will not stop me from living life to the fullest!"

«Το ότι έχω Πάρκινσον σημαίνει ότι μερικές φορές χρειάζεται να κάνω τα πράγματα διαφορετικά, αλλά δεν θα με σταματήσει από το να έχω μια γεμάτη ζωή!»

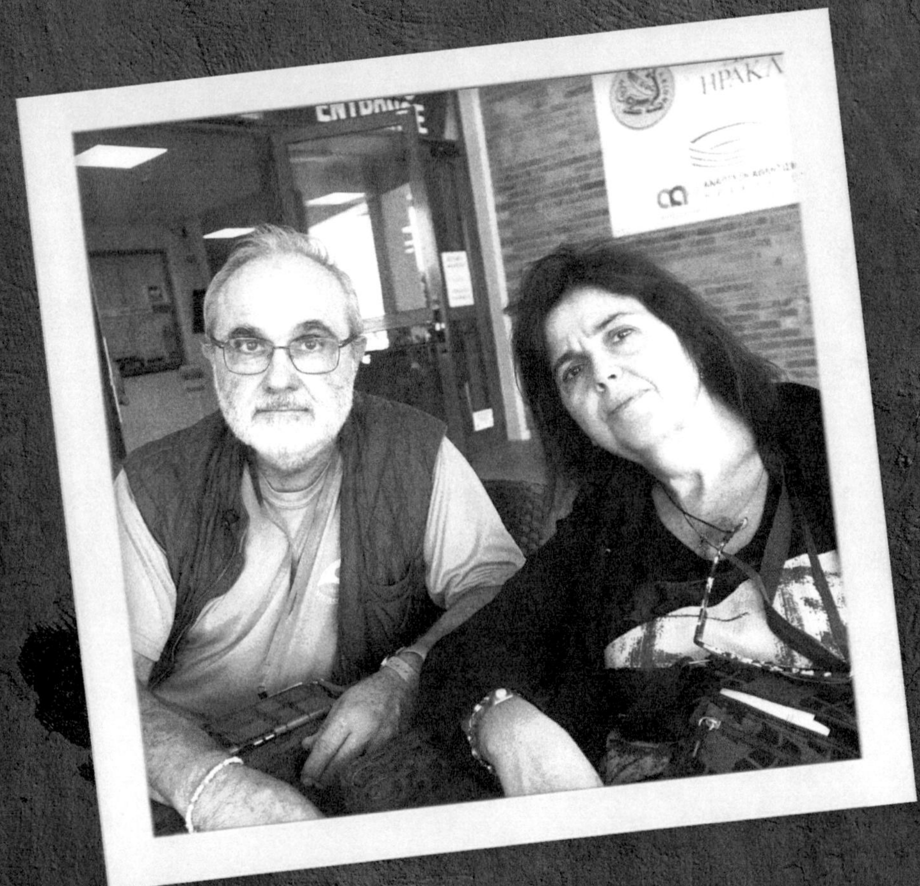

Albert from Spain, 6 years with Parkinson's.

Ο Άλμπερτ από την Ισπανία, 6 χρόνια με Πάρκινσον.

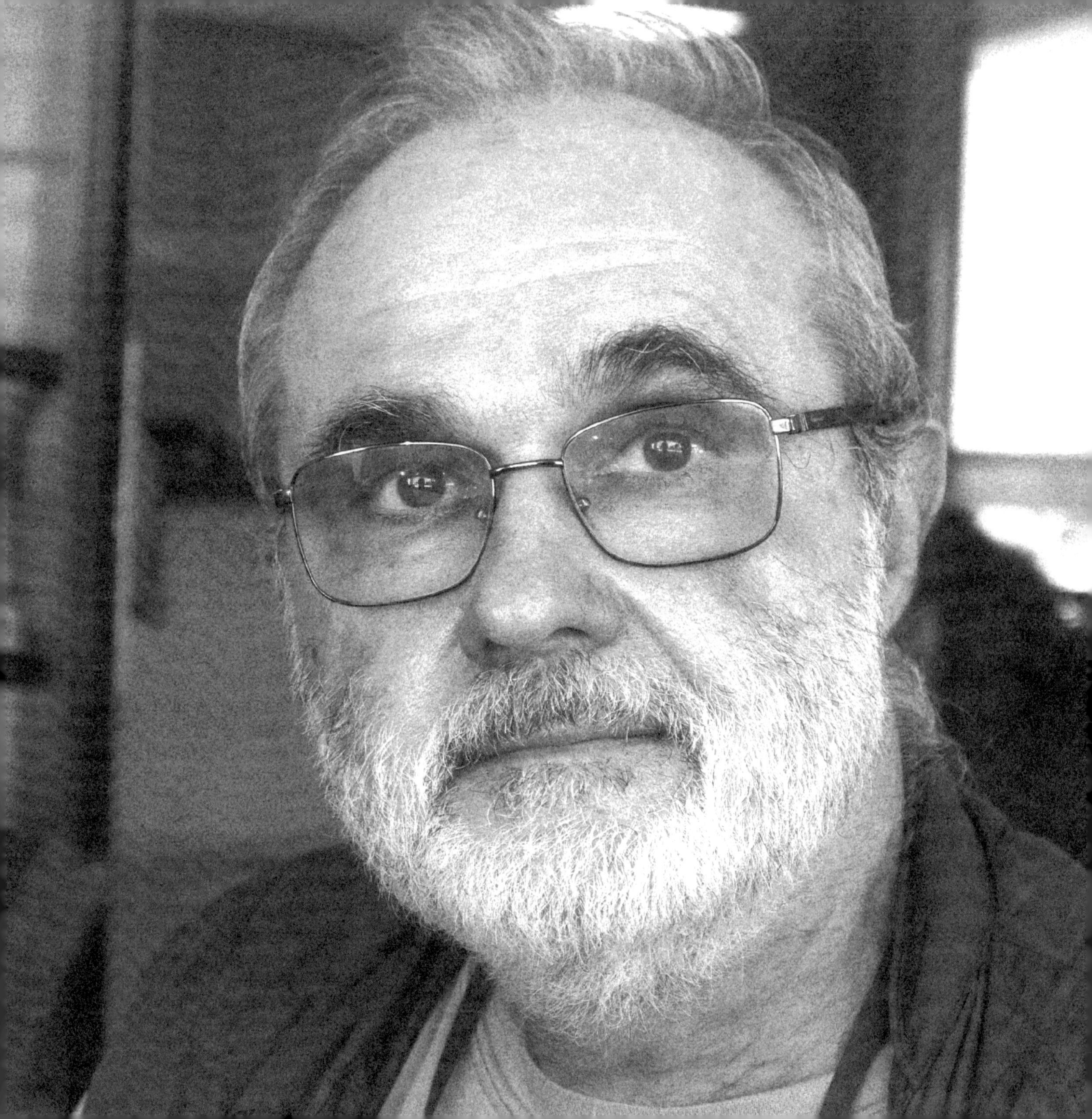

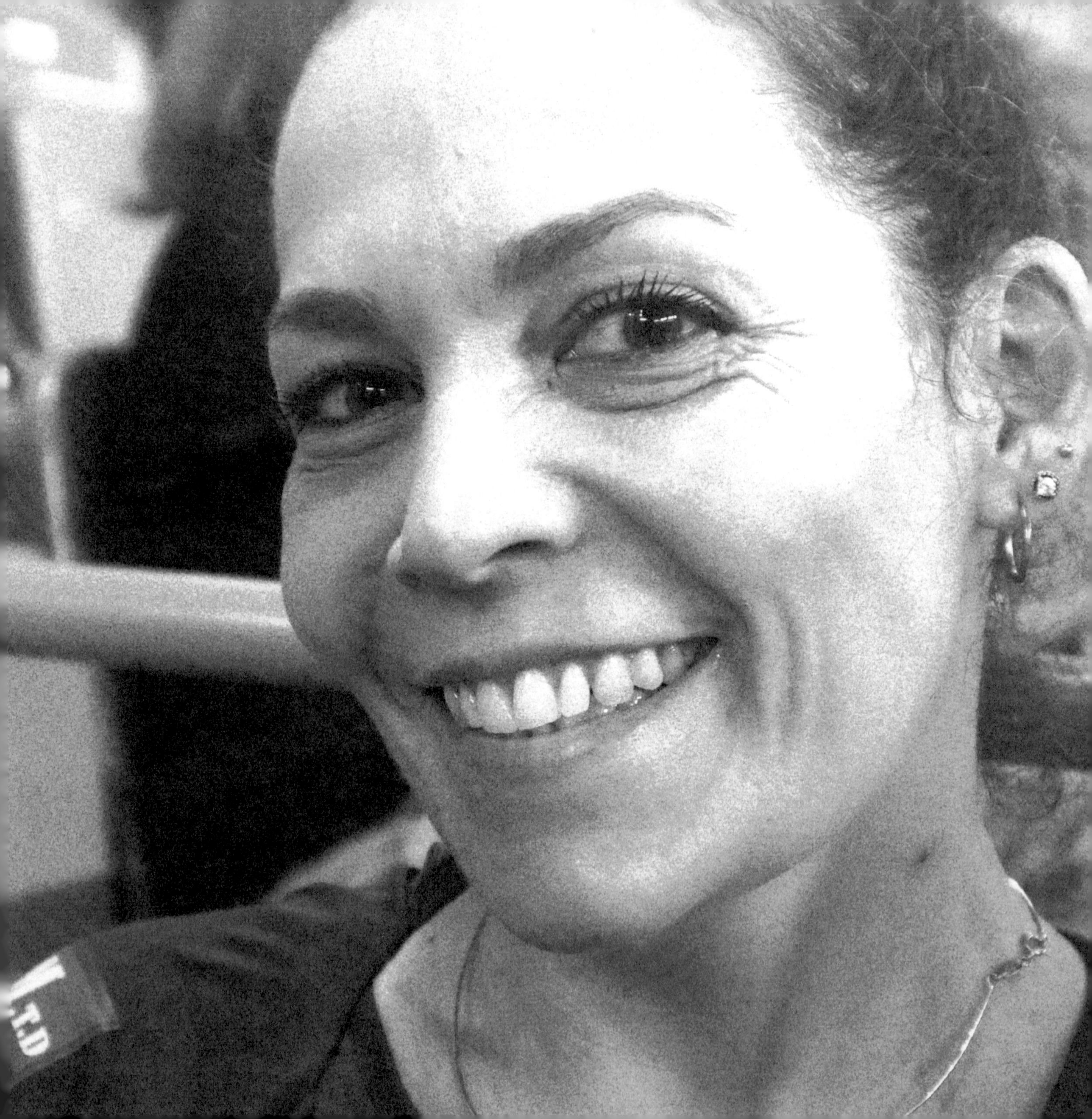

Ofra from Israel, 6,5 years with Parkinson's.

Η Όφρα από το Ισραήλ, 6,5 χρόνια με Πάρκινσον.

"Parkinson's has become an inevitable part of my life. It sometimes changes what and how I do things. However, it doesn't define who I am!"

«Το Πάρκινσον έχει γίνει αναπόφευκτο κομμάτι της ζωής μου. Μερικές φορές αλλάζει το τι κάνω και το πώς κάνω τα πράγματα. Παρόλα αυτά, δεν ορίζει το ποια είμαι!»

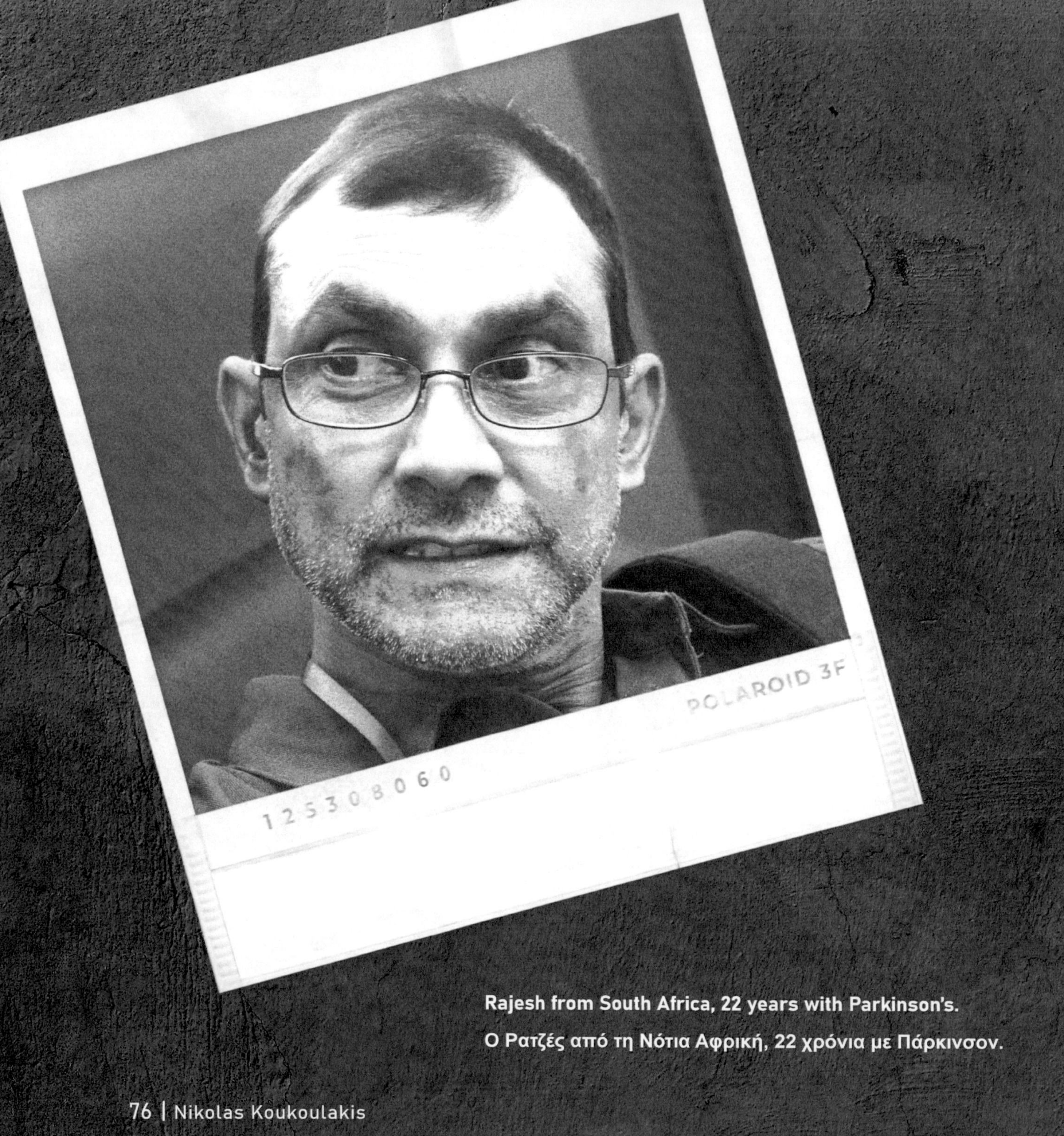

Rajesh from South Africa, 22 years with Parkinson's.

Ο Ρατζές από τη Νότια Αφρική, 22 χρόνια με Πάρκινσον.

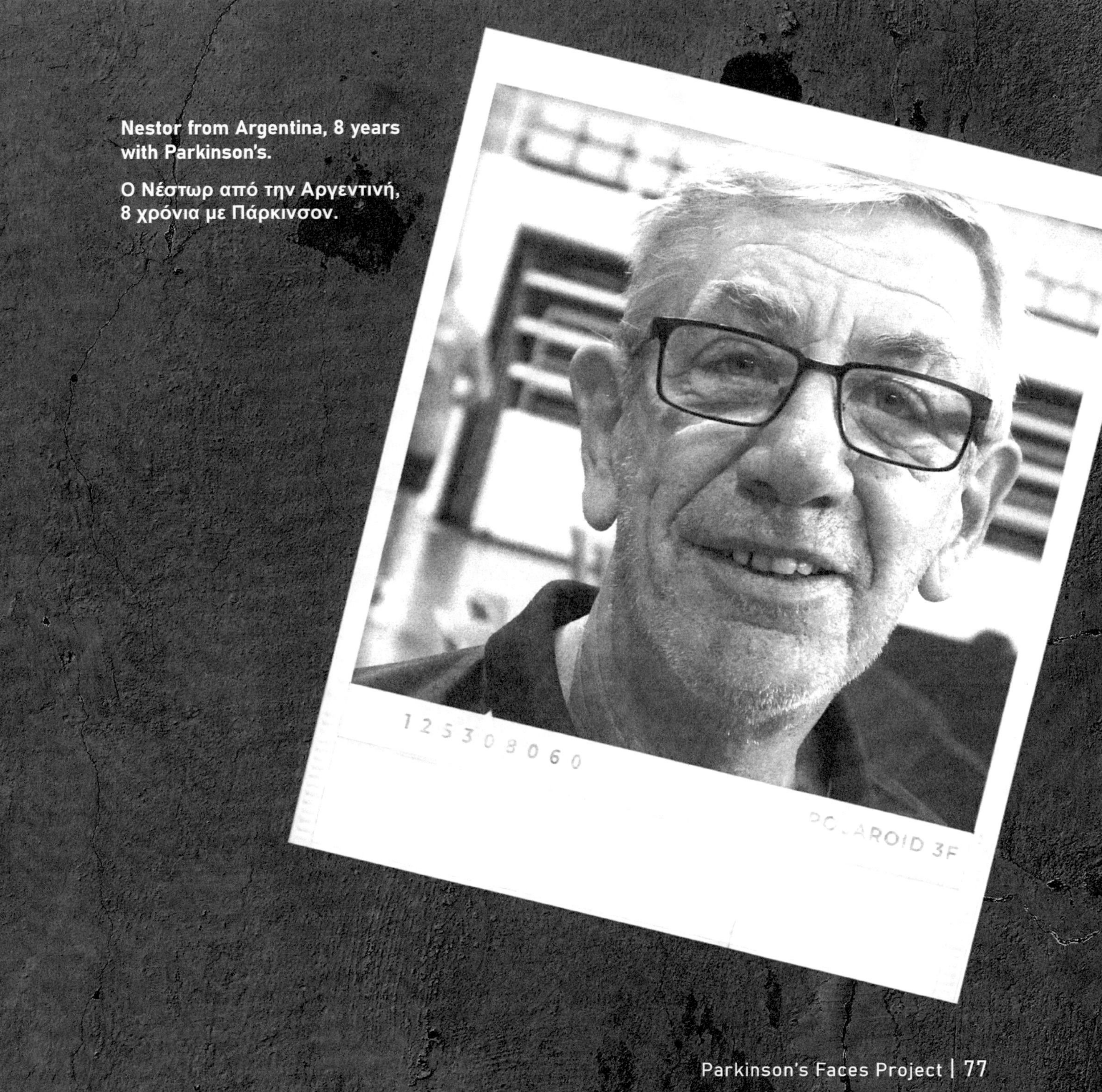

Nestor from Argentina, 8 years with Parkinson's.

Ο Νέστωρ από την Αργεντινή, 8 χρόνια με Πάρκινσον.

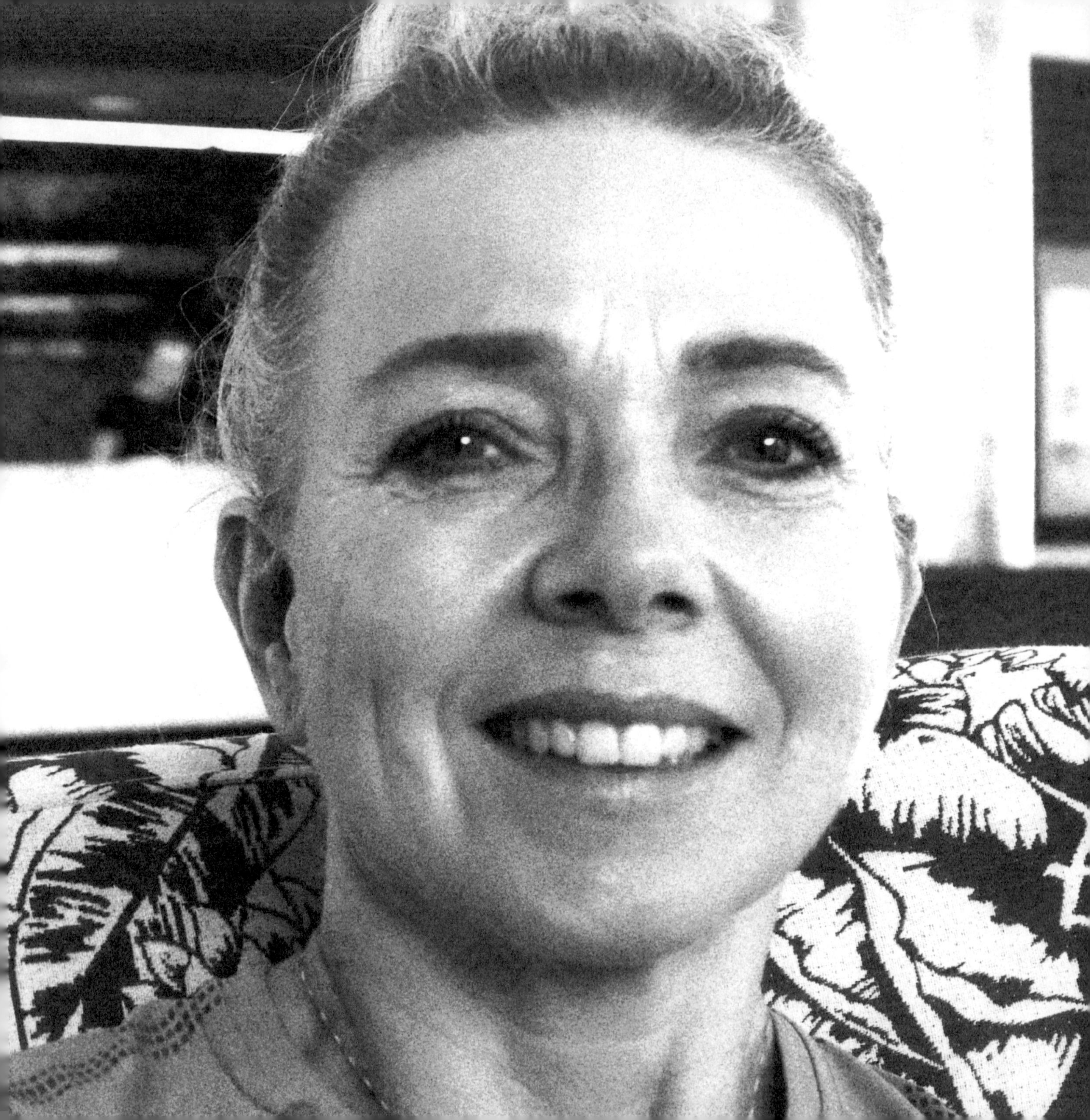

Karin from the Netherlands, 10 years with Parkinson's.

Η Καρίν από την Ολλανδία, 10 χρόνια με Πάρκινσον.

"It's been a decade, since I was diagnosed with Parkinson's in January 2014. Parkinson's has taught me to think about all the things I do, and to ponder what I want to do with my life. Each day, I have to decide whether an activity will benefit my mind and body. Is this really what I would like to do or not? I've learned a lot about myself and the truth about what I truly want."

«Έχει περάσει μια δεκαετία από τότε που διαγνώστηκα με Πάρκινσον, τον Ιανουάριο του 2014. Το Πάρκινσον με έχει διδάξει να σκέφτομαι όλα τα πράγματα που κάνω και να αναλογίζομαι τι θέλω να κάνω με τη ζωή μου. Κάθε μέρα πρέπει να αποφασίσω αν μια δραστηριότητα θα ωφελήσει το μυαλό και το σώμα μου. Είναι όντως κάτι που θέλω να κάνω ή όχι; Έχω μάθει πολλά για τον εαυτό μου και την αλήθεια για το ποια είμαι πραγματικά.»

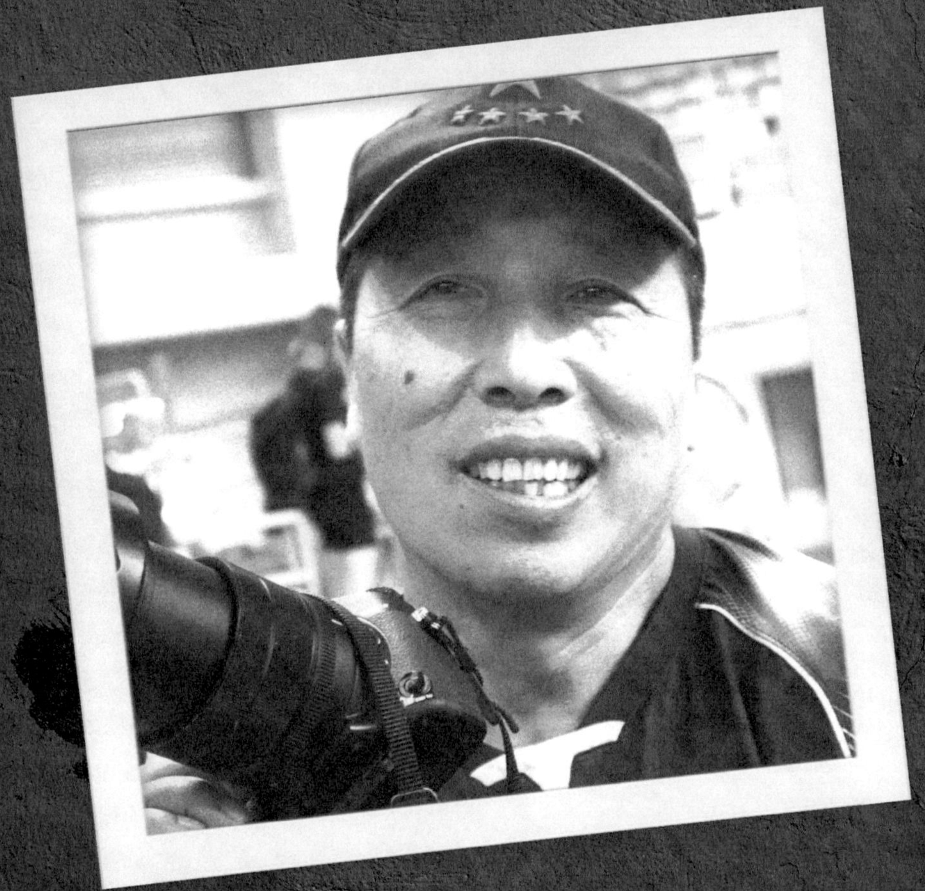

Liu from China, 10 years with Parkinson's.

Ο Λιου από την Κίνα, 10 χρόνια με Πάρκινσον.

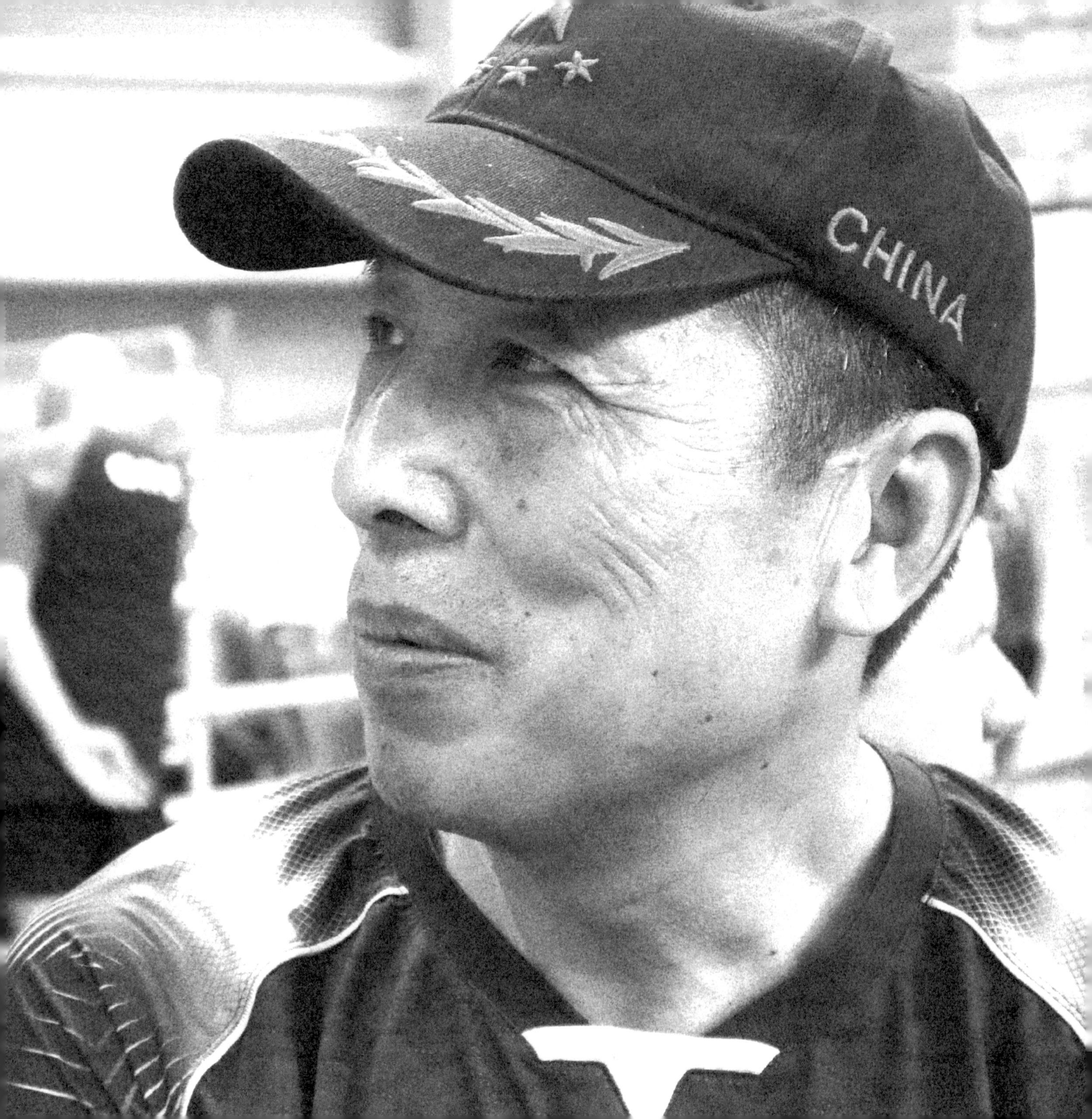

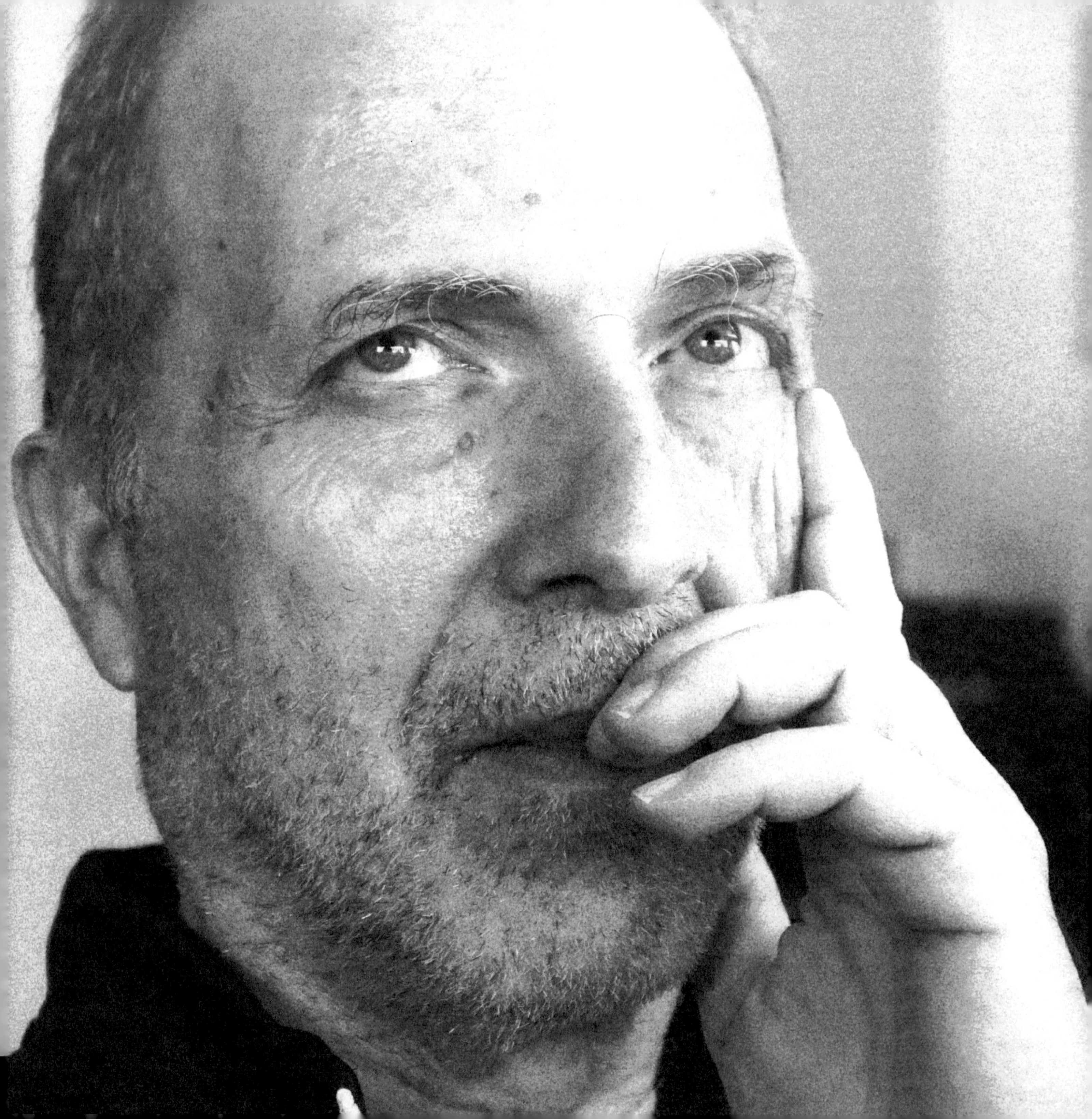

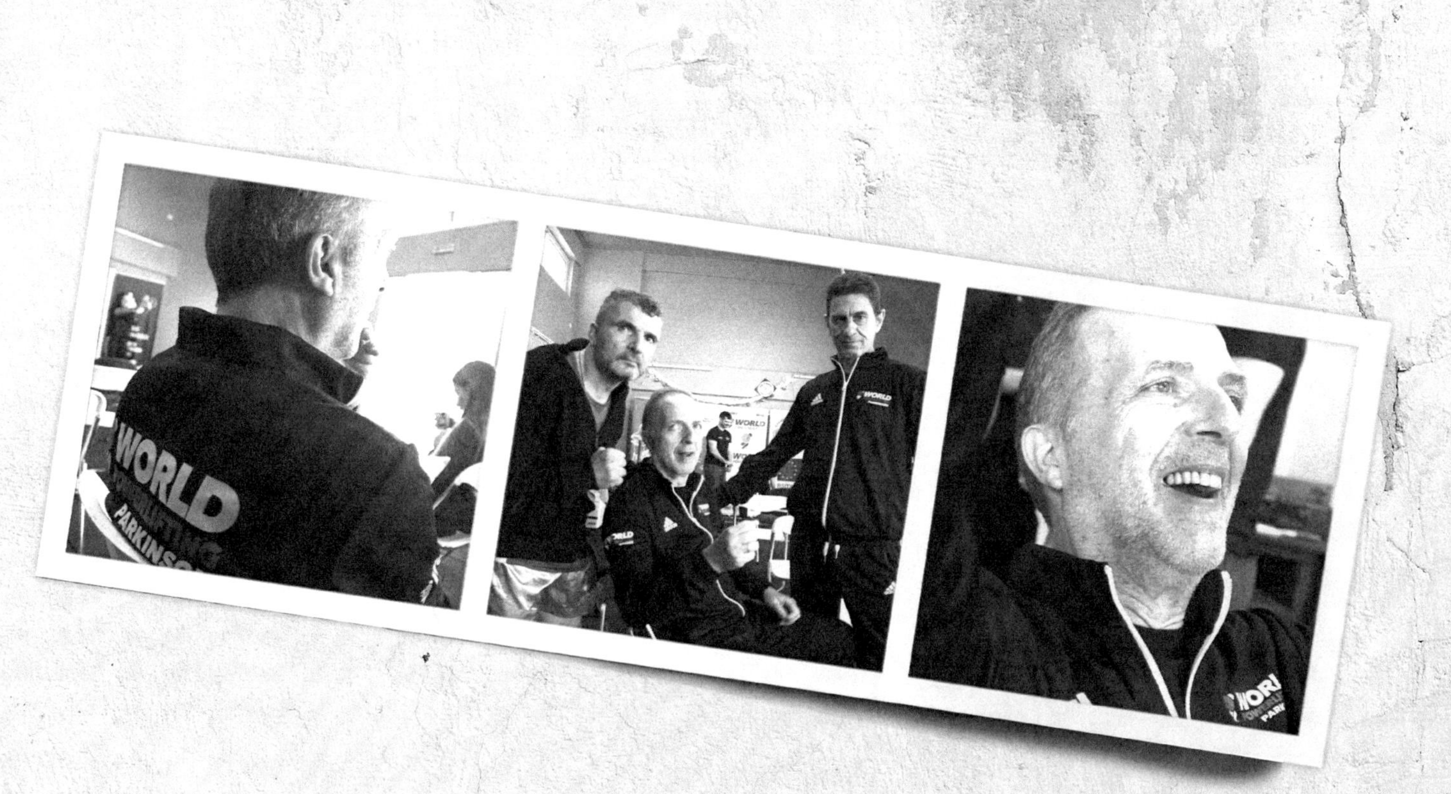

Antonis from Greece, 16 years with Parkinson's.

Ο Αντώνης από την Ελλάδα, 16 χρόνια με Πάρκινσον.

"Parkinson's is just a lack of dopamine."

«Το Πάρκινσον είναι απλά έλλειψη ντοπαμίνης».

The Parkinson's Faces Project features stunning black-and-white portraits of individuals who have been diagnosed with Parkinson's disease. These portraits span from one to twenty years post-diagnosis, with the youngest participant in his early 20s at the time of his diagnosis. Through these photographs, one can gain insight into the individuals' backgrounds, length of diagnosis, and even read a few inspiring quotes.

Το Parkinson's Faces Project παρουσιάζει ασπρόμαυρα πορτρέτα ατόμων που πάσχουν από τη νόσο Πάρκινσον. Τα πορτρέτα κυμαίνονται από 1 έως 20 χρόνια μετά τη διάγνωση, με τον νεότερο συμμετέχοντα να βρίσκεται στη νεαρή δεκαετία των 20 χρόνων τη στιγμή της διάγνωσης. Μέσα από αυτές τις φωτογραφίες, ο αναγνώστης μπορεί να πάρει πληροφορίες για το παρασκήνιο και τη διάρκεια της διάγνωσης των προσώπων, όπως και να διαβάσει λόγια που θα εμπνεύσουν.

The founder of the Parkinson's Faces Project, Nikolas Koukoulakis, was inspired to create this project after taking a black-and-white portrait of his good friend and caregiver, Alexandra. Nikolas, who has Parkinson's himself, shared that "the black-and-white portrait was so striking that I decided to create similar portraits of my friends with Parkinson's disease, despite the fact that Parkinson's had forced me to abandon photography for years."

Ο δημιουργός του Parkinson's Faces Projects, Νικόλας Κουκουλάκης εμπνεύστηκε το έργο αφού φωτογράφησε ένα ασπρόμαυρο πορτρέτο της καλής του φίλης και φροντίστριας, Αλεξάνδρας. Ο Νικόλας, ο οποίος υποφέρει από Πάρκινσον, εξομολογήθηκε πως «τα ασπρόμαυρα πορτρέτα ήταν τόσο ξεχωριστά που αποφάσισα να δημιουργήσω παρόμοια πορτρέτα των φίλων μου με Πάρκινσον, παρόλο που η ασθένεια με ανάγκασε να εγκαταλείψω τη φωτογραφία για πολλά χρόνια.»

Nikolas Koukoulakis worked as a professional photojournalist at a Daily and Periodical Press Agency between 1994 and 2007.

Ο Νικόλας Κουκουλάκης δούλεψε ως επαγγελματίας φωτορεπόρτερ για τον Ημερήσιο και Περιοδικό Τύπο από το 1994 έως το 2007.